AF302081

Tatjana Kröger

Die Spur der Nautilus

Auf Weltreise mit Jules Verne und Kapitän Nemo

Teil III

Durch den Atlantik von Feuerland bis auf die Lofoten

Bibliografische Information der Deutschen Nationalbibliothek:
Die Deutsche Nationalbibliothek verzeichnet diese Publikation
in der Deutschen Nationalbibliografie;
detaillierte bibliografische Daten sind im Internet
über http://dnb.ddb.de abrufbar.

Herstellung und Verlag: BoD – Books on Demand, Norderstedt

Einbandgestaltung: Books on Demand
Einbandfoto: Iguaçu-Fälle, Brasilien (©Tatjana Kröger)

ISBN: 978-3-7528-9525-4

Conseil:

„Ganz bestimmt bekommen wir außergewöhnliche Dinge zu
sehen ... Die Wunder werden immer erstaunlicher, und wenn
es mit dieser Steigerung so weitergeht, weiß ich wirklich nicht,
wo das noch enden soll. Mir scheint, dass sich uns niemals
wieder eine derartige Gelegenheit bieten wird."
(I/20/220)

Tatjana Kröger, Jahrgang 1962, ist im Landkreis Bad Hersfeld in Hessen zuhause. Sie studierte Ost- und Südslawistik, Ibero-Romanistik und Orientalistik. Ab 1990 arbeitete sie am Slawischen Seminar der Universität Göttingen, später bei einer internationalen Wirtschaftsberatungsgesellschaft. 1995 zog sie dienstlich nach Malaysia um, wo sie als Projektmanagerin und Lehrerin tätig war. Seit ihrer Rückkehr im Jahr 2000 nimmt sie Lehraufträge an der Gesamtschule ihres Heimatortes Wildeck wahr. Sie spricht dreizehn Sprachen und hat als Rucksacktouristin weit mehr als 100 Länder bereist.

Inhalt

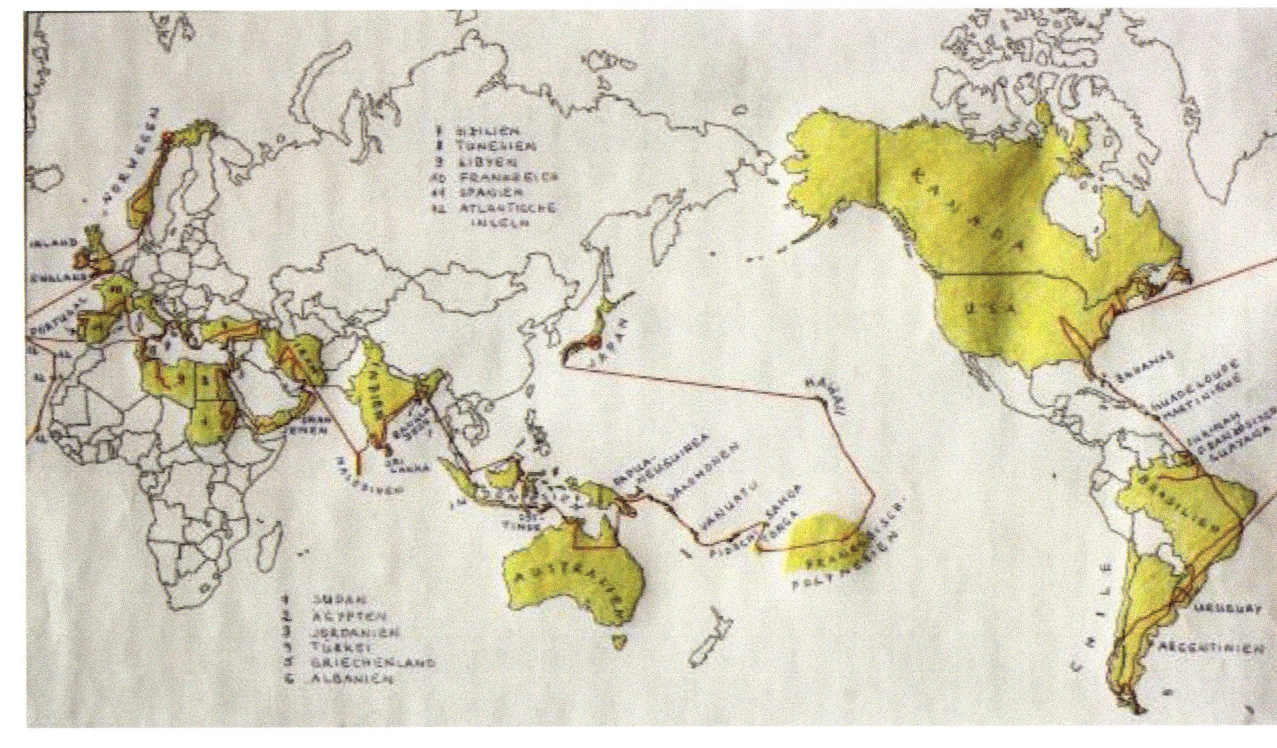

NORWEGEN
IRLAND
ENGLAND
PORTUGAL
KANADA
U.S.A.
BAHAMAS
GUADELOUPE
MARTINIQUE
BRASILIEN
CHILE
URUGUAY
ARGENTINIEN
JAPAN
INDIEN
SRI LANKA
MALEDIVEN
OMAN
JEMEN
SUDAN
PAPUA-NEUGUINEA
SALOMONEN
VANUATU
FIDSCHI
SAMOA
TONGA
HAWAII
FRANZÖSISCH POLYNESIEN
INDONESIEN
OST-TIMOR
AUSTRALIEN
1 SIZILIEN
2 TUNESIEN
3 LIBYEN
10 FRANKREICH
11 SPANIEN
12 ATLANTISCHE INSELN
1 SUDAN
2 ÄGYPTEN
3 JORDANIEN
4 TÜRKEI
5 GRIECHENLAND
6 ALBANIEN

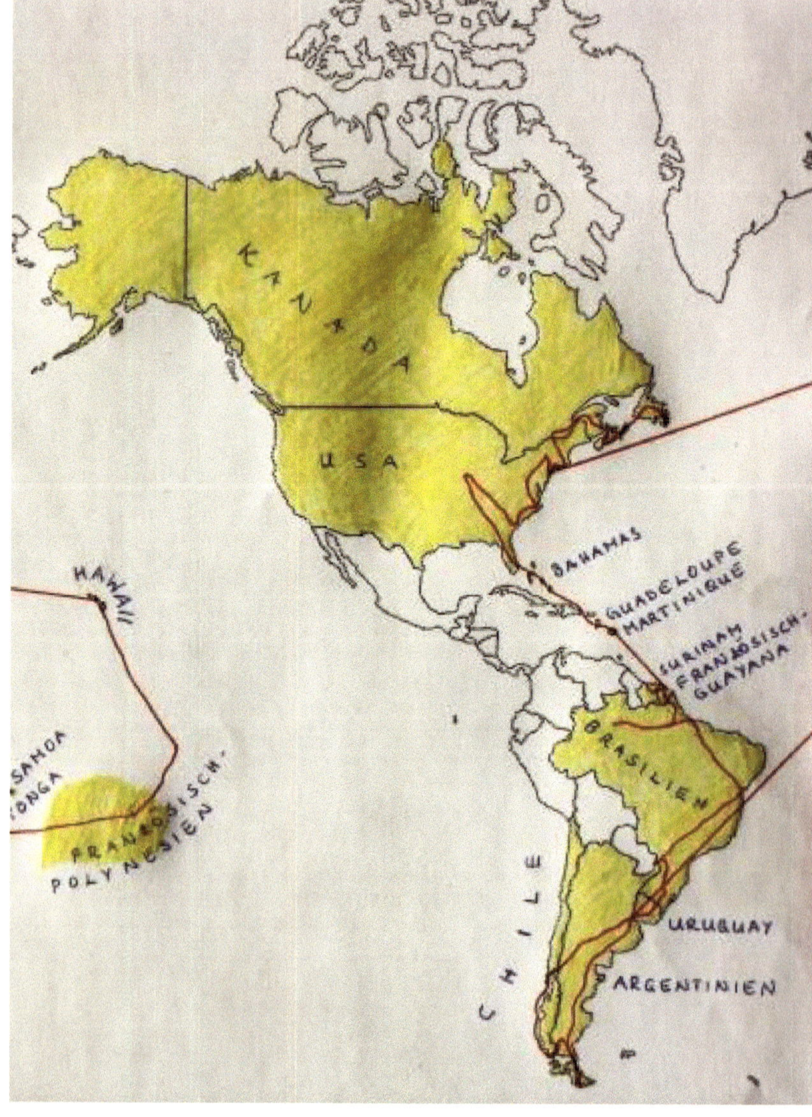

KANADA
USA
HAWAII
SAMOA
TONGA
FRANZÖSISCH-POLYNESIEN
BAHAMAS
GUADELOUPE
MARTINIQUE
SURINAM
FRANZÖSISCH-GUAYANA
BRASILIEN
CHILE
URUGUAY
ARGENTINIEN

VORWORT

Es war der Anfang der 1970er Jahre und der französische Schriftsteller Jules Verne (1828-1903), Verfasser utopischer halbwissenschaftlicher Abenteuerromane, erlebte mit einer Flut von Neuauflagen sowie diversen Verfilmungen nicht nur eine Renaissance, sondern einen regelrechten Boom. Ich ging damals ungefähr in die fünfte Klasse und diese „neuen Bücher" füllten zu Hause bald mein Regal. Die Wissenschafts- und Technikvisionen waren spannend, doch vor allem faszinierten mich die großartigen und phantastischen Reisen, die Jules Vernes Helden auf, über, unter und außerhalb der Erde unternahmen. Dabei ließ mich der große Klassiker der Weltreise um die Erde in 80 Tagen immer verhältnismäßig kalt, da es dort hauptsächlich darum geht, mit so rasender Geschwindigkeit wie möglich Entfernungen zurückzulegen. Der sehr vielseitigeren Route der Weltreise zu folgen, die der legendäre Kapitän Nemo und seine ungebetenen Passagiere, der französische Meeresbiologe Professor Pierre Aronnax, sein Diener Conseil und der kanadische Harpunier Ned Land, in *20 000 Meilen unter den Meeren* (veröffentlicht 1870) im Unterseeboot *Nautilus* unternahmen, war ungleich interessanter für mich. So keimte langsam die Idee auf, diese Route irgendwann einmal nachzureisen. Und zwar nicht nur mit Leuchtstift auf den Buchseiten. Natürlich auch nicht im Unterseeboot – da sieht man ja nichts. Aber die Länder und Gegenden, die Professor Aronnax vom Ausguck aus sichtet und benennt, bilden eine so faszinierende Gesamtheit, dass ich mir immer wieder ausmalte, wie großartig es sein müsste, sie kennenzulernen – über dem Meer, und auch ohne Fischforscher zu sein.

Mein Studium der Slawistik, Iberoromanistik und Arabistik war eine logische Konsequenz aus der Berufung, fremde Sprachen zu lernen und ferne Länder zu sehen. Meine Berufslaufbahn führte mich bis nach Malaysia, wo ich von 1995 bis 2000 lebte. Auch danach ließ mir meine Arbeit als Vertretungslehrerin an einer Gesamtschule genügend Raum fürs Reisen. Der Traum von einer wirklich langen, einer Weltreise, blieb.

Von den Schulpausen, in denen ich die *Nautilus 20 000 Meilen unter den Meeren* in Gedanken begleitete, und der Verwirklichung meines Kindheitstraumes vergingen Jahrzehnte. Für eine nichtgesponserte, auf sich selbst gestellte Mittelstandsfrau ohne finanzielle Gönner, die sich jeden Pfennig/Cent selbst verdienen muss, ist es schwierig, sich die entsprechenden wirtschaftlichen Voraussetzungen und Zeitfenster zu schaffen. Ebenfalls nicht zu unterschätzen ist, dass man auch erst einmal das entsprechende Selbstbewusstsein und die Akzeptanz des sozialen Umfeldes braucht. Obwohl auf dem Gebiet längst weibliche Vorbilder vorhanden sind, fand ich, dass Weltreisen eine Männerdomäne geblieben zu sein schien. (Genau wie in den Abenteuerbüchern Jules Vernes die Anzahl der weiblichen Protagonisten gegen Null tendiert, nicht nur in dem, um das es hier geht.)

Irgendwann Ende 2006 beschloss ich von einem Tag auf den anderen, dass ich nicht einer von so vielen bleiben wollte, die ihr Leben lang von einer Weltreise träumen, aber nie losfahren. Nachdem sich das „Wann" also konkretisiert hatte, stellte sich als nächstes die Frage nach dem „Wie". Zu Wasser? Am liebsten. Aber: Reisen auf Frachtern nach dem Motto „Hand gegen Koje" ist im Zeitalter der globalisierten Contai-

14

ner-Schiff-Fahrt leider nicht mehr im Programm. Eine Segelyacht? Für mich selbst bei größter Arbeitsam- und Sparsamkeit bis ans Ende meines Lebens außer Reichweite; außerdem muss man dafür wohl geboren sein. Crewing auf Yachten? Möglich, aber wegen des Unsicherheitsfaktors und der Unplanbarkeit nicht machbar. Mittel und Zeit waren zwar vorhanden, aber nach wie vor nicht in unbegrenzter Menge. Und ich wollte mich nicht in totale Abhängigkeit von irgendwelchen Skippern begeben, so wie es Professor Aronnax, wenn auch unfreiwillig, mit Kapitän Nemo gegangen war.

2007 verabschiedete ich mich vorübergehend von meinem Arbeitsplatz; es wurde ein Abschied für mehrere Jahre.

Die Weltreise auf der Spur der *Nautilus* wurde in sechs großen Etappen bewältigt. Um die Entfernungen zu überbrücken, die die *Nautilus* zwischen Inseln und Kontinenten zurücklegt, waren drei Round-the-World-Tickets nötig. In den Ländern selbst griff ich auf die bewährten öffentlichen Verkehrsmittel zurück. Die Länder rund ums Mittelmeer bereiste ich größtenteils mit dem Fahrrad; auf der letzten Etappe in Nordeuropa war ich mit dem Motorrad unterwegs. Zu meiner großen Freude ergab es sich, dass in einigen Ländern das Schiff als öffentliches Verkehrsmittel noch großflächig eingesetzt wird: etwa auf den Salomonen, in Papua-Neuguinea und in Indonesien, in Brasilien natürlich und, man lese und staune, auf den Bahamas. Ein unvergessliches Erlebnis war die Reise zu den Tuamotu- und Marquesas-Inseln im Südpazifik an Bord des legendären Passagierfrachters *Aranui*.

Meine Reise orientierte sich streng an der Strecke, die von November 1867 bis Juli 1868 (ich brauchte wesentlich länger als neun Monate) von der *Nautilus* abgefahren wurde, von dem Augenblick, als Kapitän Nemo Professor Aronnax, Conseil und Ned Land widerwillig an Bord nimmt, bis zur geglückten Flucht der drei. Auch meine Reise beginnt also in Japan und endet in Norwegen. Professor Aronnax sichtet und beschreibt in seinem „Bericht" insgesamt 51 Länder und abhängige Gebiete. Leider habe ich die Route nicht völlig lückenlos nachreisen können: Saudi-Arabien und Algerien bleiben mir verschlossen, da es mir trotz vielfältiger Bemühungen nicht gelang, für diese beiden Länder Touristenvisa zu bekommen. Die einzelnen Routenziele werden kapitelweise beschrieben, wobei die geographischen und historischen Details, die Jules Verne jeweils durch Professor Aronnax vortragen lässt, als Aufhänger dienen. Entsprechende Zitate aus dem Buch sind jedem meiner Kapitel vorangestellt und werden im Text wieder aufgegriffen. Der Erarbeitung meiner Reiseroute liegt die kritische Neuübersetzung *20 000 Meilen unter den Meeren* von Volker Dehs zugrunde (erschienen bei Artemis & Winkler, Düsseldorf 2007), der auch die Zitate entnommen sind. Bei der Belegangabe der Textstellen bezieht sich die römische Ziffer auf den Buchteil, die erste arabische Zahl auf das jeweilige Kapitel und die zweite arabische Zahl auf die Buchseite.

Jules Vernes Buch diente mir so also auch als Reiseführer.

In einigen der bereisten Länder habe ich Freunde und Bekannte; sehr gelegentlich bescherte mir der Zufall einen Reisekameraden. Insgesamt jedoch habe ich die gesamte Reise allein und mit minimalem Budget geplant und durchgeführt. Das Alleinreisen als Frau stellt in vielen Ländern besondere Anforderungen und man sieht sich häufig mit unerwarteten Situationen und Problemen konfrontiert. Meine Erfahrungen als weiblicher Solo-Traveller mittleren Alters waren mitunter anekdotenhaft, aber nie wirklich negativ. Die Nachteile dieser Art des Reisens sind hauptsächlich finanzieller Natur. Die

Vorteile sind unschätzbar. Wenn man zu zweit oder gar zu mehreren ist, läuft man Gefahr, sich viel zu sehr miteinander zu beschäftigen. Reist man allein, ist man zwangsläufig darauf angewiesen, den Kontakt zu den einheimischen Menschen zu suchen und bekommt ihn auch viel leichter, als Frau vor allem zu einheimischen Frauen, und die sind überall die Bewahrerinnen von Kultur und Traditionen. Für eine einzelne Frau findet sich auch immer noch ein Notsitz im Bus, ein freier Hocker in der Garküche, ein kleines Plätzchen für die Hängematte oder das Zelt.

Frauen als Bewahrerinnen von Kultur und Traditionen — viel Raum nimmt in all meinen Kapiteln das Thema Essen ein, einheimische Gerichte und die typische Küche. Der berühmte Journalist Tiziano Terzani beklagte einmal, dass in Reiseberichten und Reiseabenteuern fast nie darüber geschrieben würde, was die Menschen essen. Diese Kritik habe ich mir zu Herzen genommen und für alle, die am Kochen und Essen Freude haben, im Anhang jedes Bandes die interessantesten Rezepte meiner unzähligen kulinarischen Entdeckungen während dieser Reise zusammengestellt. Viele andere Gerichte sind bezüglich ihrer Zutaten und Zubereitungsweise im Buch so genau beschrieben, dass ambitionierte Hobbyköche keine Schwierigkeiten haben dürften, sie nachzukochen.

Die Erforschung der Unterwasserwelt, welches die eigentliche Motivation für die Weltreise von Kapitän Nemo und die Begeisterung des Professor Aronnax ist, interessierte mich nur am Rande; da ich jedoch Sporttaucherin bin, bleibt dieser Aspekt auch nicht unberücksichtigt.

Ich habe versucht, alle Länder möglichst wertungsfrei und ohne Vergleiche zu würdigen. Viele phantastische Naturerlebnisse und architektonische Wunder werden mir für immer unvergesslich bleiben; am meisten beeindruckt haben mich jedoch die Menschen. Wo immer ich hinkam, begegneten mir Freundlichkeit, Hilfsbereitschaft und Gastfreundschaft, und einmal mehr kam ich zu der Überzeugung, dass alle Menschen, egal, wo auf der Welt sie wohnen, im Grunde nichts anderes wollen, als ehrlich und friedlich zu leben, unter den Voraussetzungen, die ihr Land ihnen bietet. Ich habe die Länder so beschrieben, wie ich sie vorfand. Doch die Zeit bleibt nicht stehen: Der Sudan ist nicht länger das größte Land Afrikas. Samoa, einst Trauminsel „am Ende der Welt", wechselte am 29. Dezember 2011 auf die westliche Seite der Datumsgrenze. In anderen Ländern waren die Ereignisse um ein vielfaches dramatischer. Fassungslos musste ich mitansehen, wie Libyen und Jemen in Chaos und Bürgerkrieg versanken. Der Arabische Frühling rüttelte auch Ägypten und Tunesien gewaltig durch. Japan wurde zum zweiten Mal nach 1945 von einer atomaren Katastrophe ungeahnten Ausmaßes erschüttert. Wenige Tage vor meiner Ankunft erschütterte Norwegen die monströse Tat eines rechtsradikalen Massenmörders, der 77 Menschen zum Opfer fielen.

Doch auch auf der Haben-Seite gibt es einen Eintrag. 2009 ging nach 26 Jahren der Bürgerkrieg in Sri Lanka auch formell zu Ende, das Land wurde wieder geeint.

Dieses Buch erscheint bei Books on Demand in drei Teilen als Printausgabe und als E-Book. Teil I (Kapitel 1-13) hat den Untertitel *Von Japan durch die Südsee bis nach Indonesien* und Teil II (Kapitel 14-32) *Vom Indischen Ozean durch das Rote Meer bis zur Straße von Gibraltar.*

Wer die epische Reise der *Nautilus* auf den Spuren von Jules Verne nicht nur im Wort, sondern auch im Bild nachreisen möchte, ist herzlich zum Besuch meiner kostenlosen Website eingeladen: www.die-spur-der-nautilus.de

Diese Website ist konzipiert als das Buch begleitendes Online-Fotoalbum. *Fotoalbum I* zeigt die am Ende des Buches aufgelisteten Reise-Highlights aus 49 Ländern sowie der Korallensee in mehreren Hundert Bildern. Unter *Fotoalbum II* ist noch einmal die gesamte Route der *Nautilus* anhand der jedem Buchkapitel vorangestellten Zitate aus *20 000 Meilen unter den Meeren* aufgeführt und mit zu den Zitaten passenden Fotos illustriert. Als Betrachter bekommt man somit eine Vorstellung davon, wie Professor Aronnax seine Weltreise erlebt haben mag und was ungefähr er von der *Nautilus* aus gesehen haben muss …

XXXIII. ATLANTIS

Und tatsächlich, dort unter meinen Augen erschien – verwüstet, versunken, untergegangen – eine zerstörte Stadt mit ihren eingestürzten Dächern, zusammengebrochenen Tempeln, eingefallenen Bögen, am Boden liegenden Säulen, [...] ein ganzes Pompeji unter Wasser, das Kapitän Nemo vor meinen Augen wieder aufleben ließ! [...] Dann las er ein Stück kreidehaltigen Gesteins auf, ging zu einem Felsen aus schwarzem Basalt und schrieb nur ein einziges Wort: ATLANTIS.
(II/9/426f)
Eine Nacht und ein Tag hätten ausgereicht, um dieses Atlantis auszuradieren, dessen höchste Gipfel – Madeira, die Azoren, die Kanaren und die Kapverdischen Inseln – noch heute aus dem Meer ragen.
(II/9/429)

I. MADEIRA

Der Morgen ist neblig und nieselig in Camacha; der jenseitige Teil des Ortes liegt schön an einem terrassierten Hang. Das Café Relogio ist noch geschlossen. Doch die Seele Camachas leuchtet überall. Vor einem Haus steht ein kleiner Pritschenwagen, auf den große Henkelkörbe gestapelt werden. Eine ganze Weile pirsche ich einem Mann hinterher, der Rohmaterial geholt hat, zwei Meter lange geschmeidige Weidenzweige, zu einem Bündel geschnürt, das er auf der Schulter schleppt. Seit über hundert Jahren lebt Camacha mehr oder weniger vom Korbflechten. Das Café Relogio ist heute das Korbflechterzentrum. In den Verkaufsräumen sind weit über tausend

Produkte ausgestellt, neben Möbeln aller Art zauberhafte und gar nicht teure Dekorationsstücke jeglicher Größe, die sogar mir gefallen, die ich doch überhaupt keine Wohnkultur habe. Ältere Museumsstücke sind das phantastische geflochtene Segelschiff, fast in Yachtgröße – sicher nicht unsinkbar –, und ein ganzer Korb-Zoo, auch alle Tiere in Lebensgröße, außer dem Elefanten. Die meisten Korbflechter stellen in Heimarbeit her, doch im Keller des Cafés gibt es auch eine Werkstatt. Hier flechten einige Männer und Frauen in rasendem Tempo Koffer, Brotkörbe, Papierkörbe und Untersetzer. Die schönen Flechtarbeiten sind nicht nur bei den Touristen begehrt; während meiner Tage auf Madeira begegne ich Gebrauchsprodukten aus Camacha zu meiner Freude immer wieder, etwa in Form von Korbsesseln oder Flaschenhaltern.

Korb ist auch das Stichwort, wenn es um Madeiras wohl unverwechselbarste, auf jeden Fall aber einzigartige Touristenattraktion geht, die Fahrt mit den berühmten Korbschlitten abwärts durch die steilen Gassen von Monte, dem Teil von Madeiras Hauptstadt, der fünfhundert Meter höher (und kühler) liegt als der Rest von Funchal. Die Schlitten, mit Holzkufen und Holzrahmen, wirken sehr solide. Die Kufen werden mit Seife eingerieben, und es fahren immer zwei Schlittenlenker in traditioneller Kleidung mit, in weißen Hosen und Hemden, blauen Jacken und Kreissägen. Ich begnüge mich mit dem Zuschauen und benütze im Übrigen wie die Einheimischen auch den Stadtbus zurück nach Funchal, weil der ungefähr ein Zehntel kostet. Die Korbschlitten sind aber kein Marketing-Gag cleverer Animateure. Sie dienten wohlhabenden Madeirern (und englischen Weinhändlern, die in Monte ihre Villen hatten) bereits im 19. Jahrhundert als schnelles öffentliches Transportmittel zur Stadt. Die Korbschlitten kommen allerdings nicht aus Camacha; nur noch ein einziger Handwerker in Monte versteht sich auf ihren Bau, so dass die Korbschlittenlenker womöglich eine aussterbende Zunft sind.

Madeira, die Blumeninsel, die Insel des ewigen Frühlings – die Schlagworte klingen wie aus Reiseprospekten der 1950er Jahre und haben sich bis in die Gegenwart gehalten, denn obwohl sie abgedroschen sind, spricht der Werbeslogan hier durchaus die Wahrheit. Ich stelle aber zu meiner großen Freude fest, dass die Trenddestination vor allem eine Insel der ge- und belebten Traditionen ist. Santana im Nordosten ist berühmt für seine *casas de colmo*, strohgedeckte Nur-Dach-Häuser mit dreieckiger Fassade, die keltischen Ursprungs sind. Sie befinden sich in unterschiedlichen baulichen Zuständen und stehen überall im Städtchen herum zwischen modernen Häusern. Eine Zeitlang drohte die einzigartige Architektur zu verschwinden, weil Weizen auf Madeira kaum noch angebaut wird und deshalb Weizenstroh als billiges Baumaterial nicht mehr zur Verfügung stand. Doch inzwischen lernen junge Männer wieder das komplizierte Dachdeckerhandwerk und der Erhalt der denkmalgeschützten Häuser wird subventioniert. In der schmalen Naturhafenbucht von Câmara de Lobos am Cabo Girão, die auch als Werft dient, liegen kleine bunte Fischerboote. Der Fang, der schwertfischartige Degenfisch, ist vorbereitet worden und wurde rings um den Hafen auf Rahmen gespannt und dann zum Trocknen auf Leinen gehängt. Am nebligen Frühmorgen in Camacha waren mir Grüppchen von Männern aufgefallen, von denen viele Wollmützen mit Ohrenklappen und Puschelbommeln trugen. Auf dem Sonntagsmarkt in Santo da Serra sehe ich die Mützen, die es in allen Farben gibt, dann wieder. Sie heißen *barreto de orilhas*; eine Frau verkauft sie hier, selbstgestrickt. Berühmt, doch ein mühseliges und wenig lukratives Geschäft, ist die Madeirastickerei. In Funchal sitzen vor den Stickwarengeschäften arbeitend die Produzentinnen, ausschließlich ältere Frauen.

Die Traditionen der Blumeninsel. Die Blumenverkäuferinnen vor dem azulejogeschmückten Eingang zum Mercado dos Lavradores tragen alle Wollröcke in roter Grundfarbe mit bunten Längsstreifen. Ihr Sortiment ist ein Feuerwerk aus Düften und Farben, und eine Augenweide dazu. Es gibt riesige Protea, gigantische Orchideen, Flamingoblumen, Calla, Strelitzien, Helikonien, Mimosen und knallrote Leucospermia, die eher einem Meereslebewesen ähneln.

Der Überfluss aus allen Klimazonen auf dem Obst- und Gemüsemarkt haut mich ähnlich aus den Socken wie die Blumen. Auffällig ist ein zum Teil südamerikanisch anmutendes Angebot, nicht nur der meterlangen Büschel aus roten Chili wegen: Maracujas, Tamarillos, Mangos; mächtige, *roxo* genannte Stärkewurzeln, die aussehen wie Trommeln auf einem Fuß oder sehr grob geschnitzte Trinkbecher, sind Ignamen. Ich habe Glück und kann eine der seltenen *fruto delicioso* erstehen, die Frucht der in Deutschland als Zimmerpflanze bekannten Monstera. Sie sieht genauso aus wie ein riesiger, ganz geschlossener grüner Tannenzapfen. Die Schale ist dick und bröckelig. *Fruto delicioso* schmeckt und duftet intensiv süß, ein bisschen wie sehr reife Bananen, und gehört mit seinen fingernagelgroßen Spalten eindeutig zur tropischen Durian-Kakaofrucht-Familie. Die Seltenheit findet ihren Niederschlag im Preis, aber die einmalige Gelegenheit ist mir 2,50 Euro wert.

In Funchal gibt es keine „Trend"-Fressmeile mit überteuerten pseudointernationalisierten Lokalen, und Fast Food spielt nur eine untergeordnete Rolle. Ich koche meist selbst in der

Küche der Jugendherberge, doch habe ich in Madeira auch das eine oder andere vergnügliche bodenständige Esserlebnis – auch das gehört zur gelebten Tradition. Von Eira do Serrado steige ich hinab nach Curral de Freiras, das in einem bodenlos erscheinenden Talkessel liegt. An den steilen Hängen ringsum kleben malerische Terrassenfelder; an die Gipfel der überraschend rauen und zerklüfteten Berge stoßen kleine graue Wolken, tief unten im Geröllbett windet sich ein schnelles kleines Flüsschen. Der Ausblick hier von Eira do Serrado ist wie aus dem Hubschrauber. In Curral de Freiras werden bis heute Maronen angebaut, die früher auf Madeira ein wichtiges Nahrungsmittel waren. In einem kleinen einfachen Lokal etwas außerhalb esse ich Kastaniensuppe. Es ist eine dicke reichhaltige Suppe mit Kartoffeln, Möhren, Mangold und reichlich Maronenbröckchen, die etwas süßlich und außerordentlich lecker schmeckt.

Überhaupt haben Eintöpfe als einfache Familiengerichte einen hohen Stellenwert, was mir sehr gut gefällt. Auf der sonntäglichen Feira da Ladra in Santo da Serra probiere ich an der Theke eines Standes, der fast Garküchencharakter hat, eine *sopa de trigo* – Weizensuppe. Die „Suppe" wird in eine Tonschale geschöpft und ist sämig von den Weizenkörnern; außerdem enthält sie Kartoffeln, Möhren, Kürbis, Mangold, Wirsing, braune Bohnen und gekochtes Schweinefleisch, das Eisbein ähnelt. Ich versuche, nicht allzu viel von dem Fleisch in der Tonschale zurückzulassen, um die Leute nicht zu beleidigen. Dazu trinke ich ein Glas *sidra*, Apfelwein. Die Mahlzeit kostet insgesamt 1,90 Euro.

Natürlich leiste ich mir auch eine Weinprobe – so mancher denkt, wenn er Madeira hört, wohl zuerst an den Wein und weniger an die Insel. In der Bodega Pereira d'Oliveira in

Funchal riecht es gut nach Holz, Geräuchertem und Rohrzucker. Die traditionelle Beigabe zur Verkostung ist fast so aufregend wie der Wein selbst – *bolo de mel,* schwerer klebriger Honigkuchen mit reichlich Walnüssen. Der Madeira kommt in vier Sorten – Trocken, Halbtrocken, Halbsüß, Süß. Der teuerste auf der Preisliste der Bodega ist ein Verdelho von 1850 für 600 Euro pro Flasche.

II. AZOREN

São Miguel ragt als schräge Platte aus dem Meer auf, mit riesenhohen und absolut senkrechten schwarzen Klippen. Die Oberfläche ist sattgrün. Die Felder sind mit Bruchsteinmauern abgeteilt, allerdings nicht wie auf Madeira, wo sie nur zimmergroß und wie Stufen angelegt sind. Auf São Miguel sind es hauptsächlich Wiesen, von zwei Meter hohen Steinwällen eingefasst.

São Miguel ist die größte der neun Azoreninseln und Ponta Delgada die Hauptstadt des Archipels, der wie Madeira zu Portugal gehört. Sie ist nicht unhübsch, die Hauptstadt, mehr oder weniger schachbrettartig angelegt, mit vielen langen gepflasterten schnurgeraden Gassen. Die Häuser sind meist weißgetüncht, zwei- oder dreigeschossig und immer mit einem schmiedeeisernen Balkon im ersten Stock. Sie stehen eines am anderen ohne Zwischenraum – an diesen künstlichen Canyons liegt es wohl, dass es in der Hauptstadt so fürchterlich pfeift und zieht. Viele Häuser sind baufällig, scheinen leer zu stehen oder werden zum Verkauf angeboten. Es sind kaum Leute auf der Straße – nun gut, es ist Samstagvormittag, aber wenn schon hier in Ponta Delgada nichts los ist? Auch der Markt ist mit dem prächtigbunten Überfluss von Funchal überhaupt nicht zu vergleichen, weder der Obst- und Gemüse- noch der Fischmarkt. Man kann lebende Gänse, Enten und Kaninchen kaufen. An einem der Eingänge riechen Fleischtheken sehr kräftig und nicht sehr gut. Dafür duften wenige Meter weiter auf vielen Regalen die kleinen einheimischen Ananas.

Das frischgewaschen leuchtende Grün lässt mich für den Rest meines Aufenthalts hier nie mehr los, und ich komme zu dem Schluss, dass Grün und Steingrau charakteristisch sind für die Azoren. Die Vierecke, die São Miguel aussehen lassen wie eine grüne Patchworkdecke mit schwarzem (Klippen)Saum, werden, je weiter man nach Westen kommt, von sanften Abhängen zu Hügeln und rundlichen Kuppen. Es sind Weiden, und es gibt unheimlich viel Milchvieh und Kälber. Die Weiden sind hier nicht mehr von Steinwällen unterteilt, sondern von drei Meter hohen Schilfanpflanzungen oder kleinen Bäumchen. Ihr Allerbestes geben die Azoren in der phantastischen Landschaft der berühmten Caldera von Sete Cidades. Ein traumschönes grünes Tal, sanft auf der einen Seite, von hohen Bergen und Nadelwald abgeschlossen auf der anderen, führt von Várzea in die Caldera hinein und endet an den Zwillingskraterseen Lagoa Azul und Lagoa Verde.

Nicht nur Kühe gibt es, sondern auch viele Pferde – sie ziehen Fuhrwerke und Pflüge, der Traktor hat sich ganz und gar noch nicht völlig durchgesetzt. Die Bauerndörfer im Nordwesten von São Miguel sind hübsch und wirken freundlich. Auf jedem Hof steht mindestens eine *granela* - Getreidespeicher; sie sind aus Brettern gebaut, manchmal grün oder weiß gestrichen und groß wie Schrebergartenhäuschen, und sie stehen zum Schutz des Inhalts vor Ratten und Mäusen etwa einen Meter erhöht auf Zementpfosten oder Steinsockeln.

Doch reich kann man hier trotz aller Lieblichkeit der Landschaft wohl nicht werden – der bescheidene Markt und die vielen entwohnten Häuser in Ponta Delgada lassen erahnen, dass sich den Amerikaauswanderern von Karpathos (vgl. Kap. XXV) auf halbem Wege hier auf den Azoren noch viele anschließen. Doch anders als auf Karpathos scheinen sie nicht auf die Azoren zurückzukommen, nicht einmal um wenigstens Urlaub zu machen, Häuser oder Kirchen zu bauen. In der milden Üppigkeit im Hinterland von Ponta Delgada stehen malerisch und traurig die stummen Zeugen des Verlassens und der Verlassenheit. Ärmliche Gehöfte sind es, niedrige geduckte Steinhäuser, manchmal weiß getüncht, mit roten moosbedeckten Tonziegeln gedeckt, Fenster und Türöffnungen mit Brettern vernagelt oder zugemauert. Einmal stoße ich auf ein ganzes Geisterdorf, eigentlich nur ein Straßenzug. In ein Haus, hinter einer noch nicht zerbrochenen Scheibe im ersten Stock hängt sogar eine zerschlissene Gardine, kann man hineinschauen. Hier muss einst die Küche gewesen sein – ein schmaler dunkler Schlauch mit zwei Steinbecken unter dem Schornstein, vermutlich für Holz oder Kohle.

Massen von Calla, schneeweiß wächserne Pracht auf all dem Grün und Grau, erobern sich die Mauern zurück.

III. GRAN CANARIA

Und die Erde war wüst und leer.

Wen wundert es? Spanien, das die Kanarischen Inseln vor fünfhundert Jahren eroberte, liegt anderthalb tausend Kilometer nördlich. Doch wenn man sich von Gran Canaria gerade nach Osten wendet, erreicht man nach nur zweihundert Kilometern Luftlinie das Festland von Afrika, zu dem die Kanarischen Inseln geographisch auch gehören. Der Wind kommt aus Marokko und hat gelegentlich Staubstürme im Gefolge. Deshalb war der Südrand von Gran Canaria einst ein halbwüstenhafter, spärlich besiedelter Landstrich.

Einst. Jetzt ist das alles ganz anders. Es ist acht Uhr morgens und ich muss mich in den Arm kneifen, um sicherzugehen, dass ich nicht träume. Ein Apartmentblock reiht sich an den nächsten, mit Pool im Hof hinter Eisengittern; Hotelanlagen, Einkaufspromenaden, Bars und Kneipen. Der spärlich besiedelte Landstrich ist heute das größte touristische Zentrum Spaniens. In den 1960er und 1970er Jahren wurden hier auf Tomatenfeldern die drei Retortenstädte Playa del Inglés, Maspalomas und San Augustín hochgezogen. Sie sind besonders für ihre Partyangebote berühmt, deshalb sind zu dieser Stunde die Straßen wie leergefegt. Der größte Teil der 2,8 Millionen Touristen, die Gran Canaria jedes Jahr besuchen, sammelt sich in diesen Ferienanlagen. Trotz seines Namens sind etwa 40 Prozent der Urlauber in Playa del Inglés Deutsche. Die anthrazitfarbene Sandlandschaft am Rande von Maspalomas und Playa del Inglés ist von einer so deprimierenden Ödigkeit, wie sie die Natur überhaupt nicht hervorzubringen vermag – offenbar wurde hier plattgewalzt, vermutlich in Antizipation von Retortenstadterweiterung.

Doch Afrika geht gleich hinter dem Autobahnring weiter. Mit Hilfe eines echten Einheimischen, der eine klitzekleine Hühnerfarm betreibt, finde ich abseits der Zufahrt zu einem Steinbruch den Einstieg zum Barranco los Vicentes; er liegt zwischen zwei Felswänden verborgen und ist von der Piste aus nicht zu sehen. Hier gibt es keine Leuchtreklame mehr, keine Schilder, keinerlei mechanische Geräusche, und ich fühle mich tatsächlich, als habe Gott soeben den Himmel und die Erde geschaffen. Dass bis vor einer Viertelstunde Spaniens größte Ferienanlage noch in Sichtweite war, hat von einer Minute auf die andere keinerlei realen Bezug mehr für mich. Das spanische Wort *barranco* bedeutet einfach Schlucht oder Klamm; auf der kreisrunden Vulkaninsel Gran Canaria sind aber mit *barranco* die tief eingeschnittenen und schmalen Trockentäler gemeint, die sich, aus dem Bergland des Inselinneren kommend, um die ganze Insel herum sternförmig bis an die Küste erstrecken. Bachtäler, Bäche sind es, die sich vom Roque Nublo und dem Pozo de las Nieves aus fast zweitausend Metern steil dem Meer entgegenstürzen. Doch nur nach starken Regenfällen fließt durch die *barrancos* Wasser, die meiste Zeit des Jahres sind sie trockengefallen – Wadis, wie in Afrika.

Der Barranco los Vicentes ist ein phantastischer Canyon aus den Steilhängen rotbraun leuchtender Tafelberge. Die Felswände sind voller Höhlen – ob hier einst die Guanchen lebten, jene sagenumwobenen Ureinwohner der Kanaren? In riesigen Büscheln steht überall die meterhohe Kanaren-Wolfsmilch herum; sie ähnelt den Kandelaber-Kakteen, ist jedoch kein Kaktus, sondern eine Sukkulente. Die Morgensonne wirft unter einem makellos sauberen wüstenblauen Himmel klares Licht und harte Schatten; in einem glasglatten Tümpel, eigentlich nur eine große Pfütze, finden die Ehrfurcht erregenden Wolfsmilchstäbe, die ihn einrahmen, ein perfektes Spiegelbild, und der Morgenhimmel zieht um den Tümpel seinen blauen Rand. Auch Feigenkakteen mit riesigen Ohren und nagelharten Stacheln gibt es reichlich; sie wurden aus Amerika eingeschleppt und fühlen sich hier sichtlich sehr wohl. Auch ich fühle mich wohl mit ihnen, denn sie sind schwer beladen mit vollreifen, dunkelpurpurfarbenen Kaktusfeigen. Die Früchte sind zuckersüß, saftig, färben ebenso gemein wie Blaubeeren und hinterlassen trotz vorsichtigster Handhabung in allen Fingern haarfeine Ministacheln, die noch tagelang schmerzen und jucken.

Die ersten paar Kilometer führt ein staubiger, unebener Weg den *barranco* entlang; dann vereinigt er sich mit dem Flussbett. Das Wandern auf den dicken, manchmal algigen Steinen ist jetzt sehr mühsam. Das Wasser ist nur ein Rinnsal, so, als habe es mit dem Bachbett gar nichts zu tun; hier und da gibt es kleine Tümpel. Pfiffe und Hundegebell, beides weit entfernt, schrecken mich auf: Hoch oben an einen Steilhang, wo ein von hier aus nicht erkennbarer Pfad hinauf aufs Plateau führen muss, hat sich ein Schäfer mit seiner kleinen Herde gewagt. Zweimal komme ich an halb verfallenen Steinhäusern vorbei, die an der Felswand kleben und sich von ihrer Umgebung kaum abheben. Im Norden des *barranco* dann erweitert sich das Bachbett in einer kleinen Senke, in der sich die Hitze staut und die Luft sich flimmernd zu einer Wand verdichtet, die fast greifbar erscheint. Hier stehen zu meiner grenzenlosen Überraschung ein paar Dattelpalmen – eine regelrechte Oase.

Maspalomas und Playa del Inglés sind so nah und doch so unendlich weit weg. Es dauert lange, lange, bis meine Einsamkeit durchbrochen wird. Erst am Nachmittag kommen mir auf dem Rückweg ein paar andere Wanderer entgegen. Auch ein Enduro-Club staubt vorbei.

IV. KAPVERDISCHE INSELN

Eine raue, sich zerklüftet hochtürmende Vulkanlandschaft in Grün- und Brauntönen, jede Menge bizarr geformte Gipfel und weite Täler. Spätestens hier in der Serra Malagueta wird klar, dass wir uns auf einem Hochplateau befinden. Nach Nordosten erstreckt sich ein ungeheurer, tief eingeschnittener Canyon, dessen Wände vor mangelndem Lichteinfall schwarz aussehen. Wenige Minuten später stürzt sich der Minibus förmlich abwärts auf das flache Nordende der Insel Santiago zu, an dem, noch tief unten, Tarrafal in einer schönen Bucht liegt, die von Riffen begrenzt wird. Einige Kilometer entfernt schmiegt sich Ribeira da Prata an eine einzelne breite und sehr hohe spitze Felsennase.

Zwei Tage später wandere ich von São Jorge nach Assomada, ziemlich genau im geographischen Zentrum von Santiago. Es ist ein strahlender Tag, und auch hier ist die Landschaft prächtig; das Dorf Piros klebt auf dem Rand einer breiten Schlucht. Die kleinen afrikanischen Gehöfte bestehen jeweils aus mehreren rechteckigen Häuschen von etwa zehn Quadratmetern Grundfläche; sie sind aus dunkelgrauem Bruchstein, haben niedrige Holztüren und glaslose Fenster mit hölzernen Schallern. Rechts und links des breiten Pfades auf den Böschungen Gärten, die erst auf den zweiten Blick als solche zu erkennen sind, weil sie völlig wild aussehen. Trockene ausgehülste Maisstängel werden von blühenden Bohnen und Straucherbsen überwuchert, dazwischen die Schlingen von Kürbissen und Tomatenpflanzen mit kirschgroßen Früchten. Hinter diesem scheinbaren Durcheinander steckt ein ausgeklügeltes System, denn das gleichzeitige Bepflanzen mit unterschiedlichen Gewächsen verhindert das Auslaugen des ohnehin kargen Erosionsbodens und die abgeernteten Pflanzen düngen zusätzlich. In einem winzigen Dorf mit einem ärmlichen Markt mache ich Rast bei einer jungen Frau; sie verkauft gekochten Maniok aus einem gewaltigen Kochtopf, der hinter einem Windschutz aus rostigem Blech über einem Holzkohlefeuer steht.

Der Markt in Assomada dagegen, dem kleinen Handelszentrum im Hochland von Santiago, präsentiert sich samstags in einer Art Volksfeststimmung. Händlerinnen haben die Straßen mit ihren ausgebreiteten Tüchern so verengt, dass ich für einige Waren schwarzsehe, wenn die im Schritttempo fahrenden Minibusse auch nur ein bisschen aus der Spur geraten sollten. Es gibt Badelatschen, Jeans und Kinderkleidung, Haushaltswaren aller Art, vor allem bunte Plastikschüsseln, Besen und riesige billige Kochtöpfe. In dem überdachten Marktgebäude Bananen, Tomaten, Knoblauch, Zwiebeln, verschiedenes grünes Blattgemüse, Kohl und apfelsinengroße Kokosnüsschen, außerdem Maniok, Süßkartoffeln und Zuckerrohr; ein kleiner Junge bietet aus einer Schubkarre Massen von duftendem frischen Dill an. Aus großen Leinensäcken werden Maiskörner und dicke weiße Bohnen verkauft, Brot und eine Art flache Pfefferkuchen, die ein wenig nach Rauch schmecken. Es gibt frisches Fleisch, zu Stücken gehackt, und Fisch – kleine silberne Fischchen und dicke Stücke dunklen Thunfischs, die Küste ist nur 40 Kilometer entfernt.

Der wie Lappen aufgestapelte *bacalhau* ist ein sichtbares Andenken an die Portugiesen. Als die Mitte des 15. Jahrhunderts als erste Europäer auf Santiago landeten und als Überseekolonie in Besitz nahmen, waren die zehn Inseln der seit 1975 unabhängigen Republik Kap Verde unbewohnt. Die Portugiesen machten sie für vier Jahrhunderte zur Drehscheibe des Sklavenhandels; die Urahnen der heutigen Bevölkerung waren die weißen Kolonialherren und einige als ihre Sklaven auf den Inseln verbliebene verschleppte Westafrikaner. Außer dem *bacalhau* hinterließen die Portugiesen auch die kleine und wenig imposante Seefestung in Cidade Velha.

Die Landstraßen auf Santiago sind zu meiner Überraschung nicht asphaltiert, sondern gepflastert und in ausgezeichnetem Zustand; das öffentliche Überlandverkehrsmittel ist der Minibus, der so voll geladen wird wie nur irgend möglich. Mit Zusammenrücken, Notsitzen und Schemeln lässt sich die maximale Passagierfüllmenge ganz erstaunlich hochschrauben. Die Busse kurven in den Abfahrtsorten eine gefühlte Ewigkeit lang durch die Straßen, um Fahrgäste aufzunehmen, wobei die Auffassung der Chauffeure und ihrer Assistenten darüber, was ein vollbesetzter Bus ist, ganz erheblich von meiner abweicht. Mir fallen die Zeitungsberichte über völlig überfüllte Kleinbusse ein, die gelegentlich aus dem deutschen Verkehr gezogen werden, und ich frage mich, worüber sich die Autobahnpolizei in solchen Fällen wohl aufregen mag. Platz für Gepäck gibt es nicht, mein Rucksack türmt sich auf mir. Dass mitunter die ganze Besetzung umgeschichtet werden muss, um unterwegs noch einen zusätzlichen Sack Reis unterzubringen, oder wenn jemand, der ganz hinten sitzt, aussteigen möchte, stört hier auf den Kapverden niemanden wirklich.

Als ich nach Tarrafal fahre, sitzt neben mir eine junge Marktfrau; auf dem Schoß hat sie zwei Obststeigen gestapelt, deren Inhalt, kleine gelbe Birnen, in herrlicher Süße duftet. Auf dem Weg von Assomada nach Praia ist das die sagenhafte Landschaft begleitende Geruchserlebnis weniger berauschend; man hat eine Ziege unter meinen Sitz geklemmt. Zur kapverdischen Buskultur gehören außerdem noch heiße einheimische Rhythmen und, wie ich zu meiner Überraschung sehe und höre, Schnupftabak.

Dem Tourismus auf der Insel Sal, einer bescheidenen Leichtindustrie und den Überweisungen von Gastarbeitern aus dem Ausland ist es zu danken, dass die Kapverden, als eines der ganz wenigen Länder Afrikas, heute zu den Staaten mit mittlerem Einkommen gerechnet werden. Doch die Bauern führen ein mühevolles Leben und die Landwirtschaft ist unproduktiv. Die Vulkaninseln sind steil, vegetationsarm und karg, der ständig wehende heiße Harmattan und sintflutartige Regenfälle sorgen für fortschreitende Erosion. Oft fällt jahrelang überhaupt kein Regen.

Wenn man schon das eine oder andere afrikanische Land besucht hat, haut einen die überschaubare kapverdische Hauptstadt Praia um. Es gibt Fußgängerampeln, Zebrastreifen mit Haltelinie, an denen die meisten Autos sogar anhalten, markierte Parkflächen und überdachte Stadtbushaltestellen mit aufgehängten grünen Plastikpapierkörben. Es fehlen eigentlich nur noch die unvermeidlichen müllsackblauen Parkscheinautomaten (vgl. Kap. XIX). Das auf einem Hügel gelegene Stadtzentrum ist gemütlich gepflastert; auf den Parkbänken vor der Kathedrale sitzen junge Kapverder mit ihren Laptops. Die Wohlgeordnetheit bedeutet jedoch nicht uneingeschränkten Wohlstand. Es gibt viele Kleinsthändlerinnen (nur Frauen!) in der Stadt, die versuchen, sich mit dem Verkauf von Bonbons, Keksrollen oder Bananen durchzuschlagen; manche bieten aus Kühltaschen afrikanisches Scherbett an: aromatisiertes gefrorenes Wasser in kleinen Plastiktüten. Ich kaufe drei Stück von diesem beliebten Eis-am-Stiel-Ersatz, eines mit Ingwergeschmack, eines mit Johannisbeersirup und eines, das wie gefrorenes Apfelmus schmeckt. Eine Tüte kostet fünf Escudos (vier Cent). In den Seitengassen des Platô-Viertels sitzen Männer, zumeist ältere, in den Hauseingängen und spielen Uril, mit einem Holzbrett mit zwölf Einbuchtungen und verschiedenfarbigen Steinchen. Uril, das noch alle möglichen anderen Namen hat, je nach Land, ist das in ganz Westafrika mit weitem Abstand beliebteste Gesellschaftsspiel; genau wie Schach ist es ein Strategiespiel, und genau wie im Iran haben die Freizeitspieler auf der Straße auch hier immer zahlreiche Zuschauer. Zum Beispiel mich.

Das Herz Praias ist zweifellos der Sucupira-Markt; die Hälfte seiner Stände bildet eine Art überdachtes Holzlabyrinth. Ein Kaufhaus auf Afrikanisch. Hier befindet sich auch der halboffizielle Minibusbahnhof, und außerhalb der Marktumzäunung werden auf der Straße fliegende Geschäfte gemacht, über die ich im Einzelnen lieber gar nicht so viel wissen will.

Mein guter Riecher und mein knurrender Magen treiben mich zuverlässig zum Ostende des Sucupira-Marktes, wo ich fündig werde. Auf einem ansteigenden Gehweg, der zum Platô hinaufführt, befinden sich ein paar Garküchen; genau ist ihre Zahl nicht auszumachen. Ich werde sozusagen magisch angezogen von einer schönen, etwa fünfzigjährigen Frau mit auffällig gewickeltem Kopftuch, T-Shirt und einem zum Rock geknüpften Tuch, die eine Art Schaffnertasche vor dem Bauch trägt: eindeutig die Chefin des Etablissements. Selbiges stützt sich auf ein Geländer, das den Bürgersteig gegen den mehrere Meter tiefer gelegenen Markt abgrenzt, und besteht aus acht mehr oder weniger ramponierten Sonnenschirmen mit Carlsberg- oder Coca-Cola-Reklame, die zum Teil an das Geländer gebunden und insgesamt kunstvoll zu einem Dach verschnürt sind. Auf die Schirme geheftete Stoffbahnen bieten einen wehenden Sichtschutz zur Straßenseite hin. Dahinter befinden sich drei Plastiktische mit rotweißkarierten Stofftischdecken, drei Monoblocs, eine Anzahl Holz- und Plastikhocker. An einem Ende steht ein Klapptisch mit abgedeckten Schüsseln, die das Essen enthalten, an der anderen Seite wird gekocht, im Augenblick gerade Reis mit Favabohnen, auf zwei tragbaren Gasflaschenkochern hinter einem Windschutz aus rußgeschwärzter Pappe. Ganz klar: dies muss die Mutter aller Garküchen sein. In diesem Augenblick sind die Plastikpapierkörbe und die markierten Parkplätze ganz weit weg.

Ich trete ein, auch wenn „ein" in diesem Falle vielleicht nicht ganz das richtige Wort ist. Ganz sicher bin ich meiner Sache nicht. Es gibt keine Touristen auf Santiago, die sind alle in den Resorts auf der Insel Sal. Die anderen Gäste beachten mich bestenfalls aus den Augenwinkeln oder überhaupt nicht. Vielleicht würde die resolute Gourmetschuppenbesitzerin, die von ihren drei Helferinnen Carla genannt wird, mich gerne loswerden; womöglich verdirbt eine Weiße das Geschäft. Rassismus folgt sicher nicht immer nur der Richtung von Weiß nach Schwarz.

Das Essen schmeckt mal wieder phantastisch. Es gibt hervorragenden Schmorfisch mit Tomaten, Zwiebeln und Peperoni, dazu eine große Portion Reis mit Favabohnen. Etwas Kohl mit Kürbis, Tomaten, Gurke, grünem Salat. Obendrauf liegen ein paar Pommes frites; ein besonderer Luxus kommt in Form von Mayonnaise einher. Es ist so viel, dass ich es nicht ganz schaffe, und das ist bei mir wirklich einer besonderen Erwähnung wert. Für das ganze bezahle ich sagenhafte 150 Escudos (1,20 Euro).

Mit den Geschäftszeiten komme ich hier noch nicht ganz klar. Am nächsten Tag will ich den Versuch wiederholen. Es

36

ist vier Uhr nachmittags. Zu meiner unangenehmen Überraschung ist die Mutter aller Garküchen am Sucupira-Markt bereits abgebaut, das Essen ausverkauft. Mama Carla will sich gerade in ihr Auto setzen, ein 1980er-Jahre-Modell eines Toyota. Sie sieht mich enttäuscht an, hebt fragend die Schultern. Ich lächele. Anscheinend habe ich mich doch nicht nachteilig auf das Geschäft ausgewirkt. *„Amanhã"*, sage ich auf Portugiesisch, morgen wieder.

Seit fast zweieinhalbtausend Jahren hält Platon Wissenschaftler und solche, die es gern wären, mit der Suche nach seinem Atlantis auf Trab. Die Hypothesen darüber, wo das sagenhafte Reich einst gelegen haben könnte, kommen dabei zu ziemlich voneinander abweichenden Ergebnissen – von Mexiko über Helgoland bis zum Schwarzen Meer. Dass Jules Verne Atlantis dank der einmaligen Beobachtungen des Professors Aronnax ganz klar als *„unendlichen Kontinent"* definiert, *„der vermutlich Afrika mit Amerika verband"* (II/9/430), punktum, ist dabei auch nicht absurder als andere Theorien. Das einzige, was Madeira, die Azoren, die Kanaren und die Kapverden, jene einst *„höchste[n] Gipfel"* des versunkenen Kontinents, gemeinsam haben, ist, dass sie alle Vulkaninseln sind. *„Malerische Ruinen"* (II/9/424), so wie Professor Aronnax, sah ich freilich weder über noch unter dem Meeresspiegel. Und er selbst räumt ein: *„Während ich den Bericht dieses Ausflugs ... niederschreibe, spüre ich durchaus, wie unwahrscheinlich er klingen muss!"* (II/9/423)

XXXIV. ARGENTINIEN
XXXV. CHILE

Am nächsten Tag, dem 1. April, als die Nautilus *einige Minuten vor Mittag an die Oberfläche der Fluten stieg, machten wir im Westen eine Küste aus. Es handelte sich um Feuerland, dem die frühen Seefahrer diesen Namen gegeben haben, weil sie zahlreiche Rauchsäulen sahen, die aus den Hütten der Eingeborenen aufstiegen.*
(II/17/542f)
Bis zum 3. April blieben wir in den patagonischen Gewässern, mal unter Wasser, mal auf der Oberfläche.
(II/17/545)

Das trockene spitze Krachen kündigt sich nicht drohend an, wie ein Donner, und im Gegensatz zu einer Explosion hallt es auch nicht nach; dennoch ist es so mächtig, dass ich erschrocken zusammenfahre. Ein unmittelbarer Auslöser für dieses gewaltige Urzeitkrachen ist auch nicht zu erkennen. Im Innern des Gletschers müssen Kräfte aus vergangenen Jahrmillionen am Werk sein.

Wieder einmal bin ich am Ende eines Traumes angekommen. Ich stehe am See Lago Argentino am Rande der patagonischen Anden, gebannt vom Wunder des Perito-Moreno-Gletschers. Der 30 Kilometer lange Gletscher ist Teil des südpatagonischen Eisfeldes und einer der wenigen Gletscher, die auch heute noch wachsen; jeden Tag schiebt er sich etwa einen Meter vorwärts.

Perito Moreno rutscht zwischen zerklüfteten schneebedeckten Gipfeln in einer weiten Rechtskurve den Berghang hinunter wie eine übertrieben große und lange Piste für Abfahrtslauf; eine fünf Kilometer breite Gletscherzunge ergießt sich in den See. Die Oberfläche ist keine; der Gletscher besteht vielmehr aus senkrechten Scheiben, Spitzen und Schuppen, gegeneinander gedrückt. An manchen Stellen haben sie sich über- und aneinander empor geschoben und ragen aus dem Gletscher hinaus, leicht gekrümmt. Wie von ungeahnten Kräften gebrochene gewaltige Risse durchziehen das Eis, das porös aussieht, wie großporiges altes Schaumgummi. Die Innenseiten der Risse leuchten blau, als hätten sie den wolkenlosen Himmel aufgesogen; an seiner Südseite strahlt der Gletscher in blendendem Weiß. Die Abbruchkante, die 75 Meter aus dem Wasser aufragt, ist absolut senkrecht wie eine Klippe und wird von schrägen schwarzen Adern durchlaufen; an einigen Stellen ist sie glasklar und dunkelblau, wie gefrorener Curaçao.

Das trockene Urzeitknallen erdröhnt in unregelmäßigen Abständen und meist irgendwo im Innern von Perito Moreno. Dieses Mal kündigt es eine Tragödie an. Für ein Stück des Naturwunders geht das Leben zu Ende. Eine Scheibe der Gletscherwand von Größe und Form der Fassade einer Kathedrale bricht ab und in sich zusammen, wie gesprengt. Das ruft viel Aufruhr im Lago hervor; durch Höhlungen an der Basis spült Wasser von innen. Kantige Brocken schwimmen jetzt auf dem Wasser wie Reste von Eischnee.

Schon einmal habe ich auf dieser Reise ein solch grandioses Schauspiel von allgewaltiger Urzeitmacht erlebt; es war genau so wie hier am Perito Moreno und doch in allen Teilen sein Gegenstück. Wie viele Monate ist es her, dass ich am Kraterrand des Mount Yasur auf der Insel Tanna lag (vgl. Kap. VII)? Tiefschwarze Nacht dort, makellos blauer Himmel hier. Dort flog Feuer in die Höhe, hier stürzt Eis in die Tiefe. Rot und Gelb statt Blau und Weiß. Gleich ist beiden Wundern das außerweltliche Dröhnen aus der Tiefe. Und so, wie dort die Hitze des Feuers schon von weitem zu spüren war, strahlt hier Perito Moreno noch in hundert Metern Entfernung seine Kälte aus.

Die Grenze zwischen Argentinien und Chile ist gerade einmal zweihundert Jahre alt; man überschreitet sie dauernd in die eine oder andere Richtung auf der Reise durch die eiszeitlichen Wunder Südpatagoniens, die seit dem Anbeginn der Welt zusammengehören. Der chilenische Nationalpark Torres del Paine beglückt mich im viertelstündlichen Wechsel mit der gesamten Bandbreite patagonischen Sommerwetters – trockene Hitze, Kühle, eisige Kälte, sturmböenartiger Wind, Nieselregen. Ich schleppe mich einen steilen Wanderpfad hinauf, der über weite Strecken erodiert und mit dicken Felsbrocken gespickt oder mit Sand bedeckt ist; in den Streckenteilen durch den dürftigen Bergwald machen die vielen Wurzeln das Fortkommen mühselig, die eine Art natürlicher Stufen bilden, die sich jedoch weder an meiner Größe noch an einer DIN-Norm orientieren. Das letzte Stück führt an einer geröligen Felswand entlang, wo man den Trail nur noch an bunten Flecken erkennen kann – andere Wanderer.

Für mich ist es schwierig; immerhin bin ich fast 50 und war nie sehr sportlich. Nach dreieinhalb Stunden und fast zehn Kilometern steige ich über eine letzte Granitplatte und falle auf der anderen Seite auf die Knie, vor Erschöpfung und Schönheit. Direkt vor mir, scheinbar zum Anfassen nah, erheben sich drei schartige Riesenzinnen, gewaltige Obelisken: die drei „Torres" (Türme) von Paine, die Berggipfel, die dem Nationalpark seinen Namen gaben, umwabert von einem transparenten Wolkentüll im ansonsten jetzt makellos blauen Himmel. Die sonnenroten Torres sind im Schnitt etwa 2.800 Meter hoch und sehen ein wenig aus wie uralte verwitterte Baumstämme; sie haben zahllose senkrechte Risse und enge Kamine, als hätten Blitze jahrmillionenlang eingeschlagen. Ihre Basis ist mit Schnee bedeckt oder vielmehr bespritzt, als wäre springendes Bachwasser oder ein Wasserfall innerhalb von Sekunden erstarrt, aber eben nicht zu Eis, sondern zu Schnee. Der Gletschersee in einem kraterartigen Kessel zu Füßen der Torres ist von tiefstem Türkis.

Das Eis regiert auch in Torres del Paine. Die Ostseite des Cerro Escudo und des Cerro Fortaleza ist von einem Schneefeld bedeckt, von dem ich nicht einmal schätzen kann, wie hoch es ist. In der Mitte ist es abgerutscht, gibt den Blick auf schwarzen Granit frei: als hätte jemand Schnee geschoben. Der Grey-Gletscher, der sich in den gleichnamigen See ergießt, rutscht, anders als Perito Moreno, nicht einen Berghang hinunter, sondern verschwindet irgendwo am Horizont in der Unendlichkeit, in seltsamem Licht, nicht Weiße, sondern augenwässernder Helligkeit, stößt irgendwo an die Wolken. Dass es kein zugefrorener Fluss ist, sieht man nur daran, dass er allmählich ein bisschen ansteigt. Es sieht aber aus, als sei hier ein Fluss erstarrt, nicht zu Eis, sondern zu weißer gefrorener Lava, oder zum Gegenteil von Lava.

Als das Ende der Welt wird Feuerland gern bezeichnet; nach einer alten Piratenlegende war es das „Land, wo der Teufel Feuer und Wasser, Wind und Eis vermischt". Na, wenn das nicht einladend klingt! Als erstem Europäer gelang 1520 dem großen Ferdinand Magellan mit seiner Expedition die Umsegelung Südamerikas durch die nach ihm benannte Passage; nachdem er zuvor schon Patagonien seinen bis heute üblichen Namen verpasst hatte, gab er auf der zwanzigtägigen Fahrt durch die Magellanstraße der großen Insel im Süden den spanischen Namen Tierra del Fuego, inspiriert vom Schein der Lagerfeuer der Ureinwohner, die er an Land sah. Die Indianer, Seenomaden, die bereits zehntausend Jahre vor der Ankunft der Europäer an den Küsten Feuerlands lebten, sind längst ausgerottet; der Name ist geblieben. 1881 wurde Feuerland zwischen Argentinien und Chile aufgeteilt. Bei Seefahrern war die Insel einst berüchtigt wegen der häufigen Stürme zu jeder Jahreszeit; das Klima ist rau, aber trotzdem liegt Ushuaia keinesfalls kurz vor dem Südpol: Übertragen auf die Nordhalbkugel, kommt man gerade einmal auf den Breitengrad von Kopenhagen.

Feuerland wartet mit ziemlich viel Wald auf, niedrigen, knorrigen, windgeduckten, robust aussehenden Laubbäumen mit sparsam kleinen Blättern; sie sind mit Flechten bedeckt und haben eher die Größe hoher Büsche. Im Nationalpark Tierra del Fuego bereiten sie mir mit ihrem Wurzelgeflecht jedoch erhebliche Mühe und stehen dicht genug, dass ich gelegentlich den Pfad verliere. Drei Mal muss ich durch einen Bach waten, und im schwarzen Wasser des Torfmoores versaue ich meine Socken und Laufschuhe irreparabel, doch man kommt nicht trockenen Fußes hinüber. Der Cerro-Guanaco-Trail ist womöglich noch etwas vertikaler und schottriger als der Weg zum Mirador Torres, doch der Ausblick vom Gipfel auf die Cordillera Darwin, Ushuaia und die Torfsümpfe ist wieder einmal phantastisch. Einige der Moorwasserteiche sehen im Sonnenlicht pflaumenblau aus. Die Inselhauptstadt Ushuaia, 1870 als britische Mission gegründet und später

Sträflingskolonie, liegt ganz toll am Beagle-Kanal, umgeben von Kränzen hoher! zerklüfteter! Berge, auf deren Gipfeln auch um diese Jahreszeit – es ist Anfang Februar, also Hochsommer nach dem Südhalbkugelkalender – noch ewiger Schnee liegt.

In Puerto Natales ganz im Süden Chiles besteht endlich wieder einmal die Gelegenheit für ein verstärktes *Nautilus*-Reisegefühl. Ich schiffe mich auf dem kleinen Passagierfrachter *Puerto Eden* nach Puerto Montt ein. Drei Tage dauert die langsame Fahrt durch die chilenischen Fjorde, eine zauberhafte, von zahllosen engen Kanälen durchzogene Inselwelt. Es ist eine Alpenlandschaft auf dem Wasser – rau, lebensfeindlich, unbewohnt, kahl, die Berge manchmal oben mit Schnee und unten mit zähem immergrünen Gestrüpp bedeckt. Wenn man in dieser einsamen Gegend unbemerkt ins Wasser fällt, was tut man dann, selbst wenn man es schaffen sollte, das Ufer zu erreichen? Der Wind schmeckt nach arktischen Wassern, nach Eisbergen, Pinguinen und Walen.

Am ersten Tag schlängelt sich die *Puerto Eden* durch den Canal Sarmiento, den Canal Valdez und den Canal Wide; im bläulichen Licht der fortschreitenden Dämmerung kommt abends der Amalia-Gletscher in Sicht. Am nächsten Tag passieren wir den Canal Inglés, den Canal Cotopaxi und den Canal Messier, und fahren dann für zwölf Stunden über das offene Meer. Als wir den Golfo de Penas verlassen haben, hat sich die Landschaft wieder verändert. Die hochklippige kahle Küste ist flacher geworden, gebrochen zu kleinen Inselchen und Eilanden, bestanden mit dichtem, wenn auch niedrigen Nadelwald. Die Küste und auch die Inselchen enden mit den Bäumen direkt am Wasser, es gibt keinen auslaufenden Strandstreifen. Das ganze erinnert durchaus an die zerrissenen

Atolle der Tuamotus, nur dass man dort Sand statt Felsen hätte und Palmen statt der Kiefern. Seeotter schlagen Rad im Wasser, Seevögel, im halben Dutzend, düsen in perfekten Kunstflugformationen dicht über die Wasseroberfläche. Gelegentlich sprüht ein Wal eine Wassersäule auf, doch zu Gesicht bekomme ich keinen. Der Canal de Moraleda ist hier mehrere Kilometer breit und der untere Teil der Küste vermischt sich schon mit der Ferne. Doch noch weiter weg erheben sich riesenhohe, perfekt geformte Kegel, kahl, mit schneebedeckten Gipfeln. Und es sind viele, ganze Ketten davon – lauter Fujiyamas, an dessen Fuß ich vor so vielen Monaten tagelang vergeblich darauf gewartet habe, dass er sein Haupt enthüllen möge (vgl. Kap. I). Hier sieht es hinter den bläulich-konturlosen Fjorden aus, als schwämmen die schneeigen Vulkankegel direkt auf dem Wasser. Die Abendsonne taucht all die großartige kalte Schroffheit in ein zartes Graurosa.

All diese Herrlichkeit muss Chiles Patagonien teuer bezahlen. Chile, das mehr oder weniger aus viertausend Kilometern Anden besteht, wird immer wieder von schwersten Erdbeben heimgesucht. Schon Heinrich von Kleist inspirierten sie sogar zu einer Novelle, und in letzter Zeit scheinen sie sich zu häufen. Ein verheerendes Erdbeben vor der Küste Mittelchiles forderte 2010 Hunderte Menschenleben; ein weiteres nur ein Jahr später ging relativ glimpflich aus.

Das Passagierfrachtschiff *Puerto Eden,* das auch als Fähre dient und Autos mitnimmt, lief 1971 vom Stapel. Es ist 113,46 Meter lang und 19,23 Meter breit, und seiner Höchstgeschwindigkeit von 13,5 Knoten, die es laufen kann, nähern wir uns selbst in den Kanälen ziemlich oft an. Die Crew besteht aus 42 Leuten, darunter sind drei Frauen, wie man mir erzählt. Auf dem oberen Frachtdeck stehen etwa dreihundert Rinder in acht Containern eng wie die Sardinen, außerdem ein Container mit etwa 20 Pferden. Ich hatte mich schon über die zahlreichen Heuballen gewundert, die in Puerto Natales geladen wurden, aber dieses Rätsel ist nun gelöst: Einmal täglich werden die Tiere gefüttert. Das Schiff riecht wie eine Mischung aus Fischkonservenfabrik und Stall.

Kabinenplätze gibt es für 157 Passagiere, und es geht ziemlich eng zu. Mit der stolzen Legende *Aranui* (vgl. Kap. III) kann sich die *Puerto Eden* jedenfalls überhaupt nicht vergleichen. Vor allem das Essen ist unter aller Kanone. Kartoffelpüree aus der Tüte, Tütensuppe, Tiefkühlfisch, zum Nachtisch Wackelpudding aus der Tüte – Kantinenessen der untersten Klasse. Der Speiseraum mit langen festgeschraubten Tisch- und Stuhlreihen hat weniger Atmosphäre als eine Imbissbude und ist zu klein, so dass in drei Schichten à 40 Minuten gegessen werden muss. Die Smutjes sind jedoch freundlich und versuchen sogar, meiner Bitte nach vegetarischem Essen nachzukommen. Eieromelette ist zwar nicht gerade der Gipfel vegetarischer Kreativität, aber immerhin. Das Rührei und der Haferbrei zum Frühstück schmecken, sind aber auch eher auf der rustikalen Seite.

Patagonien hat, wie sinnig, die Form eines Eiszapfens, den ich in Form eines Dreiecks durchreise. Die eine Seite bildet die Fjordlandschaft Chiles; die argentinische Seite koste ich aus in einer 51 Stunden langen Busfahrt über 3.194 Kilometer, von Buenos Aires nach Ushuaia. Die Fahrt beginnt um 19.00 Uhr. Als ich etwa zwölf Stunden später aufwache, umgibt uns flache, baumlose, einsame braune Ebene mit Sträuchern als höchster Erhebung. Die Straße ist ein wie mit dem Lineal gezogenes Asphaltband, auf dem der Bus stundenlang geradeaus fährt und ab und zu im Winkel von 90° abbiegt, um erneut stundenlang geradeaus zu fahren. Gelegentlich tauchen Salzpfannen auf; südlich von Puerto Madryn wird die braune windgedörrte Erde zu schwarzem Schotter – das Land bereitet sich auf die Geröllwüste vor. Und selbst in dieser Einöde hat es der Mensch noch für nötig befunden, rechts und links der Straße Zäune zu errichten – einen Stacheldrahtzaun von dreitausend Kilometern Länge. Die seltenen Siedlungen, Hunderte von Kilometern auseinander, bestehen aus flachen, würfelförmigen, windverwehten Häusern und haben etwas vom Wilden Westen an sich.

Hinter Río Gallegos tauchen vor dem Bus manchmal einzeln, meist aber in größeren Herden, unerschrockene Guanacos am Straßenrand auf, eine wild lebende Lamaart. Sie haben Löffel wie Kaninchen, Schwänze wie Füchse und hübsche, hochmütige Gesichter, und sie können sich sehr graziös mit einem Hinterhuf am Ohr kratzen. Hier ist Patagonien eine Grassteppe, die im Sonnenuntergangslicht rötlich-grün leuchtet. Hohe Hügel, oder vielmehr erstaunlich hoch wandartig ansteigende Hänge, münden in ein Plateau. Die Steppe ist bedeckt mit Millionen – Milliarden – unzähligen – zähen halbkugelförmigen Gestrüppbüschen von etwa dreißig Zentimetern Höhe – perfekte Form und Größe für den Wind. Die Guanacos mit ihrem wolligen rötlichbraunen Rückenfell sind hier im Licht-und-Schatten-Spiel der Untergangssonne perfekt getarnt.

Von Puerto Montt zurück nach Buenos Aires fahre ich entlang der Hypotenuse des Patagoniendreiecks durch die Pampa. Durch die echte, nicht die sprichwörtliche. Braune trockene Erde unter dem Gestrüpp; der Himmel, fast kobaltblau im Zenit, schwächt sich immer weiter ab bis zu pastellblau am Horizont. Die höchsten „Bäume" hier sind vielleicht gerade mal zwei Meter hoch; wieder gibt es auf Hunderte von

46

Kilometern keine Siedlung, und man kann bis in die nächste Woche in die Ferne gucken. Trotzdem gehen von der Straße häufig im rechten Winkel Wege ab; manchmal sind es nur gerodete ausgewaschene Rinnen, die schon wieder überwachsen sind, manchmal sind sie geschottert und autobreit. Die Wege führen schnurgerade ins Nichts. Irgendwo dort am pastellblauen Horizont, so weit weg verborgen, dass man nichts von ihnen sieht, müssen *estancias* liegen, die riesigen Rinderfarmen.

Die *estancias* machen mir schwer zu schaffen, und die Küche auf der *Puerto Eden* schien tatsächlich maßstabsgerecht zu sein. Argentinien steht bei der Rinderzucht weltweit an fünfter Stelle. Die ersten beiden Zauberworte in Argentinien heißen *parrilla* (Steakhaus) und *asado* (Grill). In Buenos Aires sehe ich auf einem kleinen Sportplatz eine halbprivate *asado*-Party, an der zwei Jugendfußballmannschaften teilnehmen; was da aber auf dem Grill liegt, würde ausreichen, die allherbstliche Kirmes meines Dreitausend-Seelen-Heimatdorfes zu versorgen. In den *parrillas* drehen sich Rinderviertel am Spieß über offenen Bratstellen im Speiseraum; man kann es durch die Fenster gut sehen. In welchem Hostel ich auch immer meine frischgewaschene Wäsche auf die Leine hänge, sie wird augenblicklich durchzogen vom Geruch gegrillten Rindfleisches irgendwo in der Nachbarschaft. Aber wahrscheinlich leide ich einfach allmählich schon an Verfolgungswahn.

In Chile wird das Fleisch vorzugsweise in Pillenform genossen, als Hot Dog, der in ein Gummibrötchen gesteckt und in Mayonnaise, Tomatenketchup und Senf gleichzeitig ertränkt wird. Ich staune Bauklötze. Chile fügt als drittes Zauberwort noch *empanada* hinzu, gebackene Teigtaschen, die gefüllt sind mit – na, was wohl? Dass ich einmal das Glück habe, einer

Köchin bei der Zubereitung von Empanadas zuzuschauen, befriedigt zwar meinen landeskundlichen Forschungsdrang, nicht aber meinen knurrenden Magen. Das Hackfleisch für die Füllung, grob durch den Wolf gedreht, wird selbst hergestellt, mit Zwiebeln und Rosinen in der Pfanne gebraten, mit Pfeffer und Kreuzkümmel gewürzt und mit entsteinten grünen Oliven und gehacktem Ei gemischt. Lecker aussehen tun sie ja, die Empanadas. Für das argentinische Kultgebäck *alfajor* kann ich mich zumindest zum Frühstück erwärmen. Zwei oder drei weiche Plätzchen werden mit *dulce de leche* gefüllt, Karamellcreme, und sind umhüllt von Schokolade oder Puderzuckerguss. Alles in allem aber harte Zeiten für einen Vegetarier.

Bis mir in einem Hostel zwei chilenische Wanderkameraden zeigen, wie man zwei uramerikanische Produkte, nämlich Avocados und Tomaten, zu Guacamole verarbeitet. Das Avocadofleisch wird püriert und mit frischen Tomatenstückchen gemischt, außerdem mit reichlich gehacktem Knoblauch, ebenso reichlich frischem gehackten Koriander, Limettensaft, Salz, Pfeffer und etwas Olivenöl. Das kann dann auf ein Brötchen gestrichen oder mit demselben aufgetunkt werden.

Magic!

DAS LIED VON LIEBE UND TOD

Was ist Tango? Harte und ernsthafte Arbeit auf jeden Fall, die absolute Konzentration verlangt. Der Oberkörper wird aufrecht und möglichst unbeweglich gehalten, die Gesichter berühren einander beinahe. Die Dame leistet den größten Teil der Knochenarbeit – wie immer und überall also –, mit schwingenden Hüften und fließenden Schritten, schreitend oder trittähnlich und oft abrupt die Richtung wechselnd. Doch auch der Herr hat viel zu tun, er muss seine Dame führen, mit ihren Schritten im Einklang bleiben, auf der Musik treiben und anderen Paaren ausweichen.

Was ist Tango? Aufpeitschend und erotisch; kein Tanz, sondern eine Erfahrung, heißt es. Der Frau fällt die Rolle der perfekten Verführerin zu, dem Mann die des leidenschaftlichen Eroberers. Eine Mischung aus Leidenschaft und Verlangen, die durchaus etwas Vulgäres und sogar Martialisches an sich hat.

Was ist Tango? Eine Adrenalindroge, die dazu führen kann, dass hingegebene *milongueros* und *milongueras* (Tangotänzer/-innen) ihr Leben damit verbringen, nach physischer Bewegungsperfektion zu streben, die nie erreicht werden kann, und darüber in Verzweiflung verfallen.

Tango fand seinen Ursprung Ende des 19. Jahrhunderts in den Arbeitervierteln, Kneipen und Bordellen von Buenos Aires. Die Musik vereint spanische, italienische und afrikanische Einflüsse. Unverzichtbares Element jedes Tangoorchesters ist das *bandoneón*, ein kleines Akkordeon. Um 1910 schwappte eine wahre Tango-Hysterie in die USA und nach Europa. Heute finden sich in Buenos Aires an jeder zweiten Ecke Milongas (Tango-Tanzhallen), Tangoshows und Tangoschulen.

Das Viertel San Telmo gehört auch heute keineswegs zu den feinsten von Buenos Aires. Auf der Plaza Dorrego findet jeden Sonntagvormittag ein Flohmarkt statt, auf dem neben dem üblichen Kitsch, Plunder, Krempel und Schnickschnack Sachen angeboten werden, die so aussehen, als hätten sie die Einwanderer 1910 mitgebracht. Es gibt verstaubte bunte hochstielige Kristallgläser für Wein und Likör, schwere Silberbestecke, bunte Sodawasserflaschen mit Siphon, Weißzeug aus Leinen – altertümliche Unterhemden und Unterröcke. Ein Stand hat sich auf Koffergrammophone mit riesigen bunten Blechtrichtern spezialisiert. Auch die mechanische Presse eines Safthändlers mit einem Karren voll Orangen scheint aus der Hochzeit des Tango übriggeblieben zu sein.

Und es gibt Straßentango zu sehen! Besonders beeindruckend ist ein Trio, das mit einem tragbaren CD-Player und einer mit Spanplatten improvisierten Bühne von etwa sechs Quadratmetern auskommt. Der Mann, mit Gamaschen, Weste und Bogarthut, ist etwa 65, die Frauen mögen 45 und 70 Jahre alt sein. Die ältere hat etwas von Andrea Doria. Sie trägt ein knallrotes Etuikleid, das kurz unter dem Po endet und von einer gleichfarbigen Tüllrüsche verlängert wird. Dazu gehören eine kurze schwarze Jacke mit Schößchen und hochhackige silberne Riemchenschuhe, auch Modell von 1910. Die *milonguera* trägt große Strassohrringe, hat künstliche knallrote Fingernägel und das blondierte Haar zu einem Dutt aufgeknotet.

Die angejahrten Tänzer haben es voll drauf. Der *milonguero* fordert gelegentlich Frauen aus der Runde der Schaulustigen auf, auch ältere, und die können's auch!

XXXVI. URUGUAY

Die Nautilus *ließ das breite Delta, das durch die Mündung des Rio de la Plata gebildet wird, hinter sich und befand sich am 4. April auf der Höhe Uruguays, aber fünfzig Meilen weit auf offener See.*
(II/17/545)

Die kleine Fähre propellert vorsichtig durch die schmalen verkrauteten Kanäle des Deltas. Vor Piers und kleinen Werften rosten und rotten Wracks von überraschender Größe vor sich hin. Allmählich entfernen wir uns vom Ufer; das flache, von Wasser zerschnittene Schwemmland bedeckt sich mit einer Art niedrigem dichten Dschungel. Hölzerne Bootsstege, auf deren Enden oft ein Liegestuhl steht, führen ins lichte Grün und zu halb versteckten Holzhäusern, oft auf Pfählen. Ein verwunschenes Wohnen. Kaum zu glauben, dass der Moloch Buenos Aires noch in Sichtweite ist, nur erahnbar zwar, aber immerhin. Die Kanäle werden breiter und der Urwald erhält einen Saum aus langen Gräsern, bis schließlich nur noch grundlose leuchtende Schilfinseln übrigbleiben, im Wasser, das die Farbe von dünnem Milchtee hat.

Ich befinde mich auf dem Río de la Plata, diesem geographischen Unikum von einem Fluss. Entstanden aus dem Zusammenschluss der beiden mächtigen Río Paraná und Río Uruguay, besteht der 290 Kilometer lange Río de la Plata eigentlich nur aus seinem Delta, das in eine gewaltige Trichtermündung übergeht, die am Ende fast ebenso breit ist wie der Fluss lang – 220 Kilometer. Ein Fluss als Dreieck.

In den Städtchen und Dörfern den Río Uruguay hinauf nahm Uruguay seinen Anfang. In der Calle de los Sospiros in Colónia del Sacramento beispielsweise, das 1680 von den Portugiesen als Schmugglerhafen gegründet und 1762 von den Spaniern erobert wurde. Die steile Gasse ist mit groben, sehr unebenen Bruchsteinen gepflastert und hat in der Mitte einen Abwasserkanal; zu beiden Seiten stehen niedrige, buntgetünchte abblätternde Häuser, gedeckt mit riesigen altmodischen Schindeln, auf denen Gras wächst. Ein ehemaliges Freudenviertel? Die übrigen originalen Reste sind eher dürftig in Colónia – die Bastión de San Miguel, ein Stück Stadtmauer, drei Wände der Klosterkirche San Francisco, die Ruinen des Hauses des Vizekönigs.

Carmelo etwas westlich hat einstöckige pastellfarbene Häuser mit hohen bogenförmigen Fensternischen und sieht aus wie aus der Zeit von Butch Cassidy und Sundance Kid übriggeblieben.

Auch Uruguay ist Pampa, jedoch keine flache Pfanne, sondern endlos weites hügeliges Tiefland von üppigem Grün. Hügelpampa sozusagen. Wo kein Acker- oder Weideland ist, ist Uruguay mit Präriegras bedeckt – Pampasgras, das, wie sein Name schon suggeriert, hier zu Hause ist. Zwar sind sie natürlich auch in Argentinien allgegenwärtig, aber hier in Uruguay erreichen die Pampasgräser neue Dimensionen in Höhe und Verbreitung. Zu einer Art kleiner Wedelinseln gebüschelte Stängel sind überall massenhaft auf den Wiesen verteilt, streckenweise ist die ganze Landschaft weiß. Auch in der Nähe von Abwasser und Müll scheint sich das Pampasgras wohl zu fühlen. Uruguay ist der Inbegriff des Gaucho-Klischees. Pferde spielen allerdings offenbar nicht nur in der Pampa eine Rolle, sondern auch in Montevideo, wo die zahlreichen Pferdekarren von Alteisen- und Altpapiersammlern im Stadtbild durchaus erstaunlich wirken.

Schulen interessieren mich schon von Berufs wegen, aber das Bild, das sich in uruguayischen Straßen wochentags zwischen halb acht und acht Uhr morgens bietet, ist ein ganz besonderes. Massen von Schulkindern sind unterwegs, und ihre Schuluniform ist ziemlich bemerkenswert. Über der Kleidung tragen die Jungen einen kurzen weißen Kittel, die Mädchen ein weißes Kittelkleid, und alle haben eine riesige dunkelblaue Viskoseschleife als Schlips. Die Kindergartenkinder tragen karierte Kittelkleidchen, in Rot-Weiß oder Grün-Weiß.

Auch in Uruguay werden an jeder Ecke Empanadas angeboten, an Imbissbuden oder bei fliegenden Händlern, doch die Füllungen sind wesentlich phantasievoller und vegetarierfreundlicher als in Argentinien. Ich probiere Empanadas mit Mangold, mit Thunfisch und Oliven, mit verschiedenen Käsen und eine Nachtischvariante mit Äpfeln. Eine echte Verbeugung vor dem auch hier heiligen Rindvieh sind aber die beliebten Empanadas mit *carne dulce* (süßem Fleisch): das Fleisch ist mit Rosinen vermischt, die Empanada mit Zucker (!) bestreut. Abgefahren.

Die beliebteste uruguayische Süßigkeit ist *dulce de membrillo* – Quittenbrot, der Vorläufer aller Marmeladen. Es ist süß, mit feiner herber Säure und duftet wirklich nach Quitten.

<u>!VIVA EL CEBADOR!</u>

Cristóbal lässt sich viel Zeit. Eins wird schnell klar: Hier vollzieht sich eine Zeremonie, eine heilige Handlung. Verschwenderisch hoch, nämlich zu etwa drei Vierteln, füllt er das rundliche Gefäß, das die Form und Größe einer Apfelsine hat, mit etwas, das wie ausgeblichener Oregano aussieht und leicht nach Tabak riecht. Das Gefäß wird ein-, zweimal umgestülpt und geschüttelt; an Cristóbals Handfläche bleibt ein feiner kräutergrüner Staub hängen. Dann wird der Inhalt auf eine Seite geklopft, so dass er dort bis zum Rand des Gefäßes reicht. Cristóbal kippt das Gefäß vorsichtig, feuchtet den unteren Teil des Grünzeugs mit etwas kaltem Wasser an und lässt es zwei Minuten quellen. Dasselbe wird noch einmal mit heißem Wasser wiederholt. Dann steckt er eine Art dicken Metallstrohhalm in das Kraut, der oben gebogen und zu einem zigarettenspitzenartigen Mundstück verlängert ist. Erst dann wird das Gefäß bis zum Rand mit Wasser aufgefüllt, das ordentlich heiß sein muss, aber nicht gekocht haben sollte. Das Gebräu schmeckt ein wenig bitter, aber vor allem, obwohl es heiß ist, erfrischend. Ein Blubbern im unteren Teil des Metallstrohhalmes kündigt an, dass man am wasserlosen Kräutergrund angekommen ist. Heißes Wasser wird nachgefüllt und das Gefäß an den Nächsten weitergereicht, wenn man zu mehreren ist. Und so geht es dann beliebig viele Runden weiter, bis die Kräuter ausgewaschen sind und fade schmecken. Die an der Seite aufgehäufte oberste Schicht sollte dabei trocken bleiben. Nur eines darf man überhaupt nie, nie, nie tun: Mit dem Metallstrohhalm im Gefäß rühren.

Der Matestrauch, ein Stechpalmengewächs, kommt genau von hier, aus dem Großraum Río de la Plata; Mate wirkt anregend, verdauungsfördernd und, weil er das Hungergefühl unterdrückt, auch als „Schlankheitsmittel“. Das Wort *mati*, das aus der Sprache der Qechua-Indianer stammt, bezeichnete ursprünglich nur das Trinkgefäß; der Tee wird zur korrekten

Unterscheidung auf Spanisch *yerba mate* genannt, oder einfach *yerba* (Gras, Kraut). Das Trinkgefäß ist traditionell das bechergroße Ende eines Flaschenkürbisses. Heute wird es häufiger *calabaza* genannt oder, in Brasilien, *chimarrão*, und kann aus Metall, Holz, Horn oder profanem Plastik bestehen; ich sah sie dort mit volkstümlich eingeschnitzten Motiven versehen, mit aufgenähten Wappen und einmal sogar mit Fell überzogen und in einem Rinderhuf steckend. Brasilianische Mate-Gefäße stehen meist in einer Halterung aus Metall. Typische uruguayische *calabazas* sind mit oft buntgefärbtem Leder benäht, das an der Unterseite zu einem festen vierteiligen Ständer gefaltet wird, und haben einen Metallrand. Der Metallstrohhalm heißt *bombilla* und ist am unteren Ende zu einem löffelartigen Sieb verdickt.

Kavarunden in Fidschi (vgl. Kap. VI). Der Zubereitung und dem Servieren kommt dabei eine solche Bedeutung zu, dass es für die Person, die dies übernimmt, sogar eine besondere Bezeichnung gibt; hier in Uruguay heißt sie *cebador*. Die Uruguayer jedoch trinken Mate keinesfalls nur zu Hause, in gemütlicher Runde oder im Büro, sondern an jeder Ecke, wo sie gehen und stehen – im Park, am Busbahnhof, im Vorortzug, auf dem Markt, bei Konzertveranstaltungen oder bei politischen Kundgebungen. Um unterwegs Mate immer frisch griffbereit zu haben, schleppen Reisende neben ihrem Gepäck auch eine *matera* mit. Das ist eine etwa vierzig Zentimeter hohe ovale Tasche aus steifem Leder, mit Deckel und Tragriemen, die mich an altmodische Insektensammlerdosen erinnert. In der *matera* finden eine Thermoskanne mit heißem Wasser, *calabaza* und ein Päckchen *yerba* Platz.

Dabei wird in Uruguay selbst überhaupt kein Mate angebaut, sondern gänzlich aus Brasilien importiert. Zur richtigen

Mate-Kultur jedoch, die die Uruguayer unter allen matetrinkenden Nationen allein für sich reklamieren, gehört, ihn nur am frühen Nachmittag und am frühen Abend zu genießen.

XXXVII. BRASILIEN

„... das Land, das sich unseren Augen darbot, war das Mündungsufer des Amazonas, ein breites Delta, dessen ausströmende Wassermassen so beträchtlich sind, dass das Meer über eine Fläche von mehreren Lieues salzfrei bleibt."
(II / 17 / 546)

Der Morgen graut im wörtlichen Sinn – wolfsgrau; dicke Wolken, wie gemalt, hängen auf dem Regenwald. Wolfsgrau ist auch mein nächster Blick – er fällt auf meine Hängematte, ein ziemlich gängiges kleineres Modell aus Wolle, mit ein paar farbigen Streifen zur Auflockerung und kurzen Fransen. Ohne mich aufzusetzen sehe ich meine Beine vom Knie abwärts in einem Winkel von annährend 45 Grad aufragen, denn ich selbst bilde ein recht anmutiges offenes U. Die Hängematte meines Nachbarn zur Rechten ist knallrot, die meiner Nachbarin zur Linken schön gewebt mit zarten Farben, pflaumenlila und zitronengelb. In die Zwischenräume ragen aus der mittleren Belegungsreihe eine Hängematte in Apfelblütenrosa und eine blau-gelb-orange Karierte. Und so geht es bunt weiter, dicht auf dicht, in einem unendlich variablen Kaleidoskop aus Farben und Mustern.

Ich befinde mich nicht in einem Hängemattenladen und auch nicht auf einer Touristikmesse, sondern auf dem Passagierdampfer *Nélio Corrêa*, unterwegs von Belém, der großen Stadt an der Mündung des Amazonas, nach Manaus, 1.760 Kilometer (oder richtiger 950 Seemeilen) und sechs Tage flussaufwärts, im Herzen des brasilianischen Urwaldes. Das aus dem Süden kommende Straßennetz endet in Belém. Im Norden und Osten ist das Meer; wer nach Westen will, muss über die unermesslichen, im tiefen Grün verschwindenden Flüsse fahren. Bis nach Kolumbien und Peru.

Die *Nélio Corrêa* hat zwei Passagierdecks. Das obere, auf dem sich die Brücke, ein paar fensterlose Kabinen und die Bar befinden, ist etwa acht Meter breit und zwölf Meter lang. Ich versuche, die an Haken, Rohren und Metallverstrebungen baumelnden Hängematten grob zu zählen und komme auf etwa fünfundfünfzig; irgendwo dazwischen schaukelt meine. Das untere Deck ist länger, aber auch dichter besetzt. Hier kann ich die Zahl der Hängematten nur schätzen; es müssen mindestens achtzig sein – ohne Gewähr. Man kann sich leicht ausrechnen, dass der Platz, der jedem Passagier zur Verfügung steht, etwa einem Dreiviertel Küchentisch entspricht. Bei mehreren kurzen Stopps während der Nacht wird per Boot je eine Handvoll neuer Passagiere eingeschifft, die sich ihrerseits ein eigentlich gar nicht mehr vorhandenes Plätzchen für ihre Hängematten suchen. In der Hängemattenklasse, der billigsten Passagierklasse auf den Amazonasschiffen, werden die ausgegebenen Fahrkarten nicht gezählt. Ein Haken oder irgendein Metallträger finden sich immer. Zur Not hängt man sich in zwei oder drei Etagen übereinander.

Die Fracht der *Nélio Corrêa* besteht, soweit ich das feststellen kann, hauptsächlich aus zahllosen Kisten grüner Tomaten.

Die zweite Nacht ist vorüber. Meine Hängematte hängt noch, was mich stolz und glücklich macht, auch wenn ich eine Zeitlang das Gefühl hatte, als käme der Boden beständig näher. Meine brasilianischen Mitpassagiere haben mir gezeigt, wie man die Haltekordeln zu brauchbaren Knoten schlingt.

Allmählich kriege ich auch den Bogen zu einer für mich geeigneten Falt- und Einrolltechnik raus, die es mir erlaubt, morgens aufzuwachen, ohne dass mir alle Knochen weh tun. Die Nacht war überraschend windkühl und ich recht froh über meinen Schlafsack. Nein, bequem ist diese Reise wieder einmal nicht. Tagsüber ist es heiß, eng und vor allem laut. Doch das Abenteuer meldet sich prickelnd zur Stelle. Ich befinde mich auf der Mutter aller Flüsse: dem Amazonas. Seine Länge entspricht so ungefähr der Luftlinienentfernung zwischen London und New York – 6.448 Kilometer, nach anderen Berechnungen 6.868 Kilometer, und damit ringt er mit dem Nil um den Titel des längsten Flusses der Erde. Und überhaupt – es gibt Schlimmeres, als ein paar Tage in einer Hängematte schaukelnd zu verbringen. Der Spanier Francisco de Orellana, der 1541 als erster Europäer den ganzen Fluss hinunter fuhr und ihm bei der Gelegenheit auch den Namen verpasste, hätte gegen solch beschaulichen Komfort sicher nichts einzuwenden gehabt.

Die Mutter aller Flüsse. Etwa ein Fünftel des gesamten Süßwassers der Erde ist im Amazonasbecken gespeichert; die Gesamtlänge schiffbarer Flüsse beträgt 80.000 Kilometer, was hintereinandergereiht zweimal um den Äquator reichen würde, und der Amazonas selbst ist auf dreieinhalbtausend Kilometer selbst für Ozeandampfer befahrbar. Der Regenwald beherbergt rund je ein Fünftel aller bekannten Pflanzen- und Vogelarten der Erde. Dabei bleiben bis heute zahllose Flüsse hier unerforscht, bleibt Amazonien ähnlich wie die Sahara eine der letzten geheimnisvollen und vom Menschen noch nicht völlig durchgerasterten Gegenden auf unserem Planeten.

Den Blick auf *„das Mündungsufer des Amazonas"* hat Professor Aronnax wohl eine ganze Weile auskosten können, denn

der Abstand zwischen dem Südufer und dem Nordufer beträgt
ziemlich genau zweihundert Kilometer. Verstopft wird der
gewaltige Mündungstrichter von Marajó, der größten Flussin-
sel der Welt. Sie ist gut 40.000 Quadratkilometer groß – so
groß wie die Schweiz. Die Amazonasmündung ist tatsächlich
groß genug, dass Marajó darin Platz hat. Die Beobachtung des
Professors, dass die Wassermassen des Stromes die Wasserfläche vor der Mündung salzfrei halten, ist dabei durchaus richtig, die Angabe *„von mehreren Lieues"* allerdings stark untertrie-
ben.

Genau wie die Sahara ist auch die Mutter aller Flüsse nie
menschenleer gewesen. Die *Nélio Corrêa* fährt nicht den
Hauptfluss hinauf, sondern durch die *igarapé*, die unzähligen
kleinen Flussarme. Von Indianern angegriffen wie einst Francisco de Orellana wird man hier nicht mehr. Die *igarapé* sind
sehr offensichtlich bewohnt, zwar nicht dicht an dicht, aber
recht gleichmäßig. Die Weiler bestehen meist aus einer oder
zwei Händenvoll kleiner Häuser, die im Abstand von ein paar
hundert Metern stehen. Es sind samt und sonders Pfahlbauten
direkt im Wasser denn zumindest um diese Jahreszeit haben
die *igarapé* kein Ufer. Es ist eine Welt aus Wasser und Grün,
nahtlos ineinander übergehend. Die Häuser sind aus blankem
Holz, alle mit einer Veranda, manchmal bunt gestrichen,
manchmal mit Dächern aus Wellblech, die Fenster glaslos. Ein
Steg reicht weit ins Wasser hinein, an seinem Ende meist ein
einfacher, mit Palmstroh gedeckter Bootsunterstand. Hinter
den Häusern führt ein zweiter Steg dezent zum Rand der Vegetation; er wird bekrönt von einer kleinen quadratischen,
ebenfalls mit Palmstroh gedeckten Bude – das Badezimmer.
Gelegentlich verdichten sich die Amazonashäuser zu kleinen
Dörfern; dann sind sie durch lange hohe Plankenwege mitei-

nander verbunden. Ebenfalls auf Pfählen im Wasser, die Front zum *igarapé* hin, stehen kleine Schulgebäude und Kirchen, letztere immer weiß gestrichen. Manchmal sind die Häuser hinter Palmen und hohem Grasdickicht verborgen; dass hier Menschen sind, erkennt man dann nur an der bunt behängten Wäscheleine entlang des Bootsstegs.

Die *caboclos*, wie die Menschen am Fluss genannt werden, kommen in kleinen Booten herausgepaddelt, vor allem Frauen und Kinder, und winken, als die *Nélio Corrêa* vorbeifährt; es ist das Ereignis des Tages. Schon die Kleinsten gehen mit den tennisschlägergroßen Paddeln erstaunlich geschickt um. Gelegentlich ergreifen Dorfbewohner, wiederum vor allem die Kinder, die Gelegenheit, um kleine Geschäfte zu machen. Das Boot wird mit einer Art Enterhaken an der unteren Schiffsreling festgezurrt. Auf der Reling oder dem Bootsrand stehend, bieten die Kinder, statt zu entern, Kokosnüsse, getrocknete Garnelen und Palmherzen an. Ich halte mich an die Palmherzen, eine Delikatesse zu meinem ansonsten nur aus Salzkeksen bestehenden Abendessen. Ein Glas mit zehn oder zwölf Stück, eingelegt in Salzlake, kostet zwei Reais (85 Cent). Die Palmherzen sehen auf den ersten Blick aus wie schneeweiße geköpfte Spargelstangen, und sie können wie diese an der Basis etwas holzig sein. Das butterzarte Innere ist eine exquisite Geschmacksmischung aus Artischocke und Sauerkraut.

Im Durchschnitt zweimal am Tag passiert das Schiff ein Städtchen, bevorzugt an Stellen, wo die Mutter aller Flüsse von einem Hügel begrenzt wird, auf dem dann die Kirche steht. Das Stadtzentrum besteht aus einer kleineren Ansammlung farbiger Steinhäuser; dann kommen ein paar Sägemühlen, und schnell geht es schon wieder in die Außenbezirke mit den vertrauten hölzernen Pfahlbauten über.

Die Menschen am Fluss leben von den örtlichen Industrien, in erster Linie vom Sammeln von eben Palmherzen und von Açaí, der amazonischen Kultfrucht. Die Açaí-Palmen sind dünn, hoch und schlank, und fallen dadurch auf, dass sie immer in einer Art Riesenbüschel von sieben oder acht Stück zusammen wachsen. Eine weitere Nahrungs- und Einkommensquelle ist natürlich der Fischfang; gelegentlich sehe ich Wasserbüffel. Auch Soja wird in der Gegend inzwischen im großen Stil angebaut, erzählt man mir – hauptsächlich als Futtermittel für europäische Zuchtrinder.

Von der Abenddämmerung an erkennt man in den Häusern am Fluss das unstete schwankende Licht von Petroleumlampen. Manchmal hängt vor der Eingangstür eine Neonröhre. Woher wohl der Strom kommt?

In Santarém, etwa auf halber Strecke zwischen Belém und Manaus, macht die *Nélio Corrêa* den ersten längeren Stopp von sechs Stunden. Es ist eine Erleichterung, zur Abwechslung mal herumlaufen zu können, aber um das wirklich lange zu tun, dazu ist es zu heiß. Nur wenige Passagiere gehen von Bord. Das Angenehmste an diesem Stopp ist, dass der grauenhafte Lärm, den die überlautstarke Musikanlage der Schiffsbar ansonsten ununterbrochen ausstößt, tatsächlich mal für längere Zeit abgestellt wird. Ansonsten habe ich nicht die geringste Chance, ihm zu entgehen – meine Hängematte ist die erste in der Reihe.

Bei Santarém fließt der Río Tapajós in den Amazonas. Der Tapajós ist ein Schwarzwasserfluss, der Amazonas ein Weißwasserfluss, und das Naturschauspiel ist beeindruckend, obwohl das „Weiß"wasser eher die Farbe von Milchtee hat und das Schwarzwasser die von Anthrazit. Die Verbindungsstelle bildet einen welligen schaumbegrenzten Saum und die Gewässer fließen kilometerweit deutlich abgesetzt nebeneinander her, bevor sie sich mischen. Als flössen Wasser und Öl nebeneinander. Das Weißwasser, deren Flüsse in den Anden entspringen, ist mit Sedimenten beladen. Die Schwarzwasserflüsse kommen aus den Wäldern im Süden und im Norden; sie erhalten ihre Farbe durch sich zersetzende Pflanzen und sind wärmer und langsamer als die Weißwasserflüsse.

Zwölf Stunden hinter Santarém fährt die *Nélio Corrêa* dann auf dem „wahren" Amazonas. Die Breite des Flusses ist unglaublich. Um der Strömung möglichst zu entgehen, hält sich das Schiff am Südufer. Hier bestimmen lange sandige Inseln den Verlauf des Flusses. Die Gegend scheint wohlhabend zu sein. Die Häuser, immer noch hölzerne Stelzenhäuser, sind groß und meist bunt gestrichen, vor jedem eine Satellitenschüssel. Ich sehe Strommasten, Motorboote. Wovon die Menschen hier leben, ist ziemlich klar, auf den Sandwiesen weiden Rinder und Pferde. Auf einem schmalen Strandstreifen sehe ich einen *sehr* jugendlichen Reiter auf einem ungesattelten Apfelschimmel flott auf sein Zuhause zugaloppieren. Zur Mitte hin ist der Fluss immer wieder von Schwemmlandinseln aus hohem Wassergras unterbrochen. Gelegentlich findet sich darauf eine Holzhütte – wer Ruhe und Abgeschiedenheit sucht, findet sie hier bestimmt. Parallel zur *Nélio Corrêa* fährt ein Containerschiff; die Entfernung beträgt mindestens zwei Kilometer. Der Amazonas ist groß genug dafür. Das waldige Nordufer ist gerade noch zu erkennen.

Mitten in der vierten Nacht wache ich von einem entsetzlichen Geräusch auf. Wie ein unhaltbar heranbrausender Zug fegt ein Amazonasgewittersturm herbei. In Sekundenschnelle flutet Wasser über das obere Deck; das Gepäck liegt Gott sei Dank auf einem etwas erhöhten Lattenrost. Es dauert mindestens zwei Minuten, bis wir die schützenden Plastikplanen an den beiden Seitenrelings heruntergelassen haben. Mein Schlafsack hat standgehalten, und auch die Wolle meiner Hängematte hat sich im Großen und Ganzen als dicht genug erwiesen. Trotzdem habe ich für den Rest der Nacht ein unangenehmes Gefühl von Feuchtklammheit.

Die *Nélio Corrêa* macht für etwa zehn Minuten Halt in einem weiteren kleinen bunten Städtchen, dessen Namen ich nicht kenne. An mehreren Häusern, von der Wasserseite aus gut zu sehen, prangt in großen Lettern die Aufschrift „Hotel"; die wenigen Asphaltstraßen führen einen Hügel hinauf – und wohin dann weiter? Am Kai drängt sich ein Dutzend Essensverkäufer, die lautstark ihre Sachen anpreisen und sie den ausgestreckten Händen auf dem tomatenbeladenen Frachtdeck hineinreichen. Die Händler bieten gefüllte Teigtaschen an, Bananenchips, violettes Scherbett in länglichen Plastikbeuteln, Obst, einen runden gelblichen porösen Käse und fertige gekochte Mahlzeiten, in Alutellern verpackt. Eine Frau schenkt aus einer großen Flasche Limonade aus. In Óbidos werden bei einem etwa dreistündigen Zwischenstopp zahllose zentnerschwere Säcke mit Paranüssen ausgeladen. Ein Dutzend junger Männer packen sich die Säcke mit Hilfe eines Crewmitglieds auf den Nacken und befördern sie im Laufschritt vom Kai zu kleinen Lastwagen. Harte Arbeit.

Meine brasilianischen Mitreisenden vertreiben sich die Tage mit Domino-Spielen und Sticken. Auch viele Kinder sind mit an Bord, im Vorschulalter und solche, die offensichtlich gerade erst das Laufen erlernt haben. Eine Mutter hat daher eine blauplastikene Kinderbadewanne im Gepäck. Den Kindern macht es sichtlich Spaß, in den familiengroßen Hängematten geschaukelt zu werden. Ich kann mich über einen Mangel an

Zerstreuung nicht beklagen, das Fluss-Sightseeing bietet mir reichlich Abwechslung. Freilich war die *Nautilus* besser ausgestattet. Professor Aronnax hatte während seiner langen Reise an Bord eine Bibliothek sowie einen Luxussalon mit Gemälden, Springbrunnen und Orgel zur Verfügung.

Hinter Silves wird es zum fünften Mal Abend. Von der Reling der *Nélio Corrêa* aus erlebe ich ein großartiges Schauspiel. Gerade ist die Äquatorsonne am nahen Horizont versunken, der sich als zitronengelbes Band die Wasserlinie entlangstreckt und den Fluss in flüssiges Gold und Kupfer taucht. In Gold und Kupfer wirbeln jetzt auch die zerrupften graulila Wolken, die im pastellblauen Abendhimmel schwimmen. Dann wird der Amazonas bis unter den Schiffskiel erst granatrot, schließlich weinrot, während der Himmel in Flammen zu stehen scheint und sich die anthrazitschwarze harte Silhouette der Bäume hineinschiebt. Schließlich sind Wasser und Himmel nicht mehr voneinander zu unterscheiden; uns umgibt nur noch eine leuchtende längsgestreifte Lichtwelt in Hellgrau, Pflaumenlila, Karminrot, Orange, Sonnenblumengelb, Bordeaux, Schwarz und Silber.

Nach 126 Stunden Fahrt läuft die *Nélio Corrêa* um zwei Uhr morgens in den Hafen von Manaus ein. Eine tolle Zeit, um irgendwo anzukommen, vor allem in einer brasilianischen Hafenstadt. Gott sei Dank gestattet man den Passagieren, bis zum Morgen an Bord zu bleiben. Gegen halb sieben dämmert es; ich knote meine Hängematte ab und schiffe mich aus.

Claudinete, Edilson und die beiden Kinder im Grundschulalter, Gabriel und Francisca, sind vier von den etwa fünf Millionen Menschen, die sich entlang der Myriaden Wasserläufe in den unermesslichen Tiefen Brasilianisch-Amazoniens verteilen und ein halb autarkes Leben führen. Mit einer Bevölkerungsdichte von 4 pro Quadratkilometer hat die Familie also rechnerisch einen Quadratkilometer für sich allein. Fischfang, eine Maniokanpflanzung und ein Gemüsegarten sorgen für die Lebensgrundlage. Ein bisschen Geld bringt die gelegentliche Beherbergung von Touristen; viele Ausländer sind noch nicht darunter, denn Claudinete und Edilson sprechen nur Portugiesisch.

Der Lago do Limão wird nicht vom Amazonas gespeist, sondern geht lang, schmal und schlangengleich vom Río Negro ab und endet irgendwo in schwimmenden Grasinseln und Schilfgestrüpp. Ein Auto oder Moped hat Edilson nicht, aber ein Boot. Er entfernt einen etwa zwei Meter langen runden Einsatz, der wie ein aus Palmwedeln geflochtenes Fass aussieht; dieser Einsatz macht das Boot bei Regen im Handumdrehen zu einem schwimmenden Biwak-Tunnelzelt. Wir paddeln ein Stück den flussschmalen See entlang, und Edilson macht sich an eine Arbeit, die mich zunächst mal aufschlucken lässt, nämlich an das Fangen und unverzügliche Zerstückeln kleiner Frösche. Das Boot bleibt unbeweglich im hohen Wassergras stehen und ich bekomme eine Angel in die Hand gedrückt – an einem Bambusstab ist eine Schnur mit einem Haken befestigt. Es kostet mich etwas Überwindung, am Haken eines der blutigen Froschstückchen aufzuspießen, die am Bootsboden lagern – ein bevorzugtes Abendessen der berüchtigten Piranhas, die sich in diesem stehenden Gewässer aufhalten.

Na, dann wollen wir uns also auch mal unser Abendessen angeln? Denkste! An Fischen hat es hier am Ende des Lago do Limão keinen Mangel – ich spüre Zuckungen an meinem Haken fast im Minutentakt. Und genauso häufig ist der Froschköder säuberlich abgenibbelt. Edilson amüsiert sich. Er hat

66

natürlich nach jahrzehntelangem Training längst den Bogen und den richtigen Schwung im richtigen Moment raus. Und so stapeln sich die hässlichen kleinen Beißer dann doch bald im Boot.

Das Haus von Claudinete und Edilson sieht aus wie eines der Tausenden, die ich auf der Reise von Belém nach Manaus gesehen habe. Es ist aus Palmholz gebaut; natürlich steht es auf Stützpfählen, eine solide treppenartige Leiter führt zur Veranda hinauf. Der vordere große Wohnraum ist eher sparsam eingerichtet mit einem Tisch, ein paar Plastikhockern, Hängematte und einem Regal. Die Kochstelle, auf der Holz und selbstgemachte Holzkohle verbrannt werden, befindet sich unter dem Haus.

Die Piranhas, Assoziationstier Nummer Eins, wenn man an den Amazonas denkt, überzeugen mich in keinster Weise. Die Fische wirken durch ihren absurd ausgeprägten Unterkiefer seltsam deformiert. Mit einer Schnur, die sofort zerreißt, demonstriert mir Edilson die ungeheure Schärfe der gefürchteten dreieckigen Zähne. Gegrillt sind die Viecher eine ziemlich grätige und geschmacklich nur wenig ausgeprägte Angelegenheit.

Die Nacht verbringe ich in einem der beiden kleinen Hinterzimmer, wieder in einer Hängematte. Sie ist viel größer als meine eigene kleine Reisehängematte, familientauglich und sehr viel komfortabler.

Schlangen gibt es in unmittelbarer Nähe des Hauses Gott sei Dank nicht – vielleicht sehe ich sie auch einfach nicht –, aber Vogelspinnen sind reichlich da, erkennbar an trichterförmigen Löchern im Dschungelboden. Da ich nicht zur Arachnophobie neige, gewöhne ich mich rasch an eine graue, die

bei Claudinete und Edilson herumkrabbelt, als Haustier – sie
ist ungiftig und nützlich, denn sie frisst Kakerlaken.

1549 schickte Portugal seinen ersten Gouverneur in die
Neue Welt; der ließ noch im selben Jahr auf einer Klippe an
einer geschützten Bucht (*bahía*) eine befestigte Stadt bauen.
Mehr als zweihundert Jahre, bis 1765, war Salvador da Bahía
die Hauptstadt der Kolonie Brasilien und ein reicher Handels-
hafen für Zuckerrohr, Tabak – und afrikanische Sklaven. Der
brasilianische Nordosten mit Salvador als Zentrum ist historisch die interessanteste Region des Landes und stark beein-
flusst von afrikanischen Traditionen und afrikanischer Küche.
Der hochgelegene alte Stadtteil Pelourinho ist heute ein aus-
geprägtes Touristenviertel, in dem sich die Andenkenläden
und Tourveranstalter aneinanderreihen. Auf einem kleinen
dreieckigen Platz in der Nordostecke des Pelourinho wurden
einst Sklaven verkauft und ersteigert; etwa dreieinhalb Millionen Afrikaner wurden bis zur Abschaffung der Sklaverei 1888
nach Brasilien verschleppt. Die Pflasterstraßen des Pelourinho,
die auf und ab gehen, sind gesäumt von bunten Häuserzeilen
und weisen ein Sammelsurium von etwa einem Dutzend Kirchen aus dem 17. Jahrhundert auf, in echtem oder nachge-
machten portugiesischen Barock. Einige sind geschlossen und
befinden sich im fortgeschrittenen Stadium des Verfalls. Oft
fehlt einer der beiden quadratischen Glockentürme in der
Frontfassade, was erstaunlich aussieht: Er wurde weggelassen,
weil auf fertiggestellte Kirchen eine Steuer zu zahlen war.

Dank seines auf durchaus zweifelhafte Art erworbenen afrikanischen Erbes ist Salvador da Bahía auch die Heimat von
Capoeira. Die berühmte brasilianische Kampfkunst wurde im
18. Jahrhundert von Sklaven entwickelt und, um sie vor den
Sklavenhaltern zu tarnen, mit Tanzelementen und Akrobatik

vermischt. Diktator Getúlio Vargas legalisierte 1937 erstmals Capoeira, das er zum brasilianischen Nationalsport machen wollte. Der berühmte Mestre Bimba (eigentlich Manoel dos Reis Machado; 1899-1974) aus Salvador gründete die erste Capoeira-Akademie und entwickelte die erste einheitliche methodische Trainingsform.

Die Capoeira-Schule auf dem Pelourinho besteht aus zwei Trainingsräumen im ersten Stock eines Wohnhauses. Da ich selbst fünfzehn Jahre lang TaeKwonDo praktiziert habe, interessiert mich natürlich jede Art von Kampfsport brennend; man erlaubt mir gern, bei einer Trainingseinheit zuzusehen. Allerdings komme ich nicht auf die Idee, mitzumachen. Die Unterschiede zu den asiatischen Kampfsportarten sind recht erheblich, nicht nur aufgrund der vielen akrobatischen Elemente wie Radschlagen, Überschlag und Salto. Jedes Capoeira-Training wird von Anfang bis Ende von Musik und Gesang begleitet. Es gibt ein Tamburin und ein großes Tamtam; Ton und Rhythmus gibt jedoch die *berimbau* an, ein einsaitiges Streich-Zupf-Instrument, das wie ein Flitzbogen aussieht, mit einem runden Kürbis als Klangkörper. Gespielt wird es mit einem Stein und einem Stöckchen, an dem noch ein mit Körnern gefüllter geflochtener Behälter befestigt ist, der geschüttelt wird. Die Kleidung der Akteure besteht aus roten oder weißen Hosen mit einem blauen ärmellosen Shirt. Statt Gurten tragen die Kämpfer eine Art Doppelkordel mit Bommeln in verschiedenen Farben. Gegen Ende des schweißtreibenden Trainings kämpfen einige der Männer oben ohne. Unter anderem wohl auch deswegen scheint Capoeira immer noch eher eine Männerangelegenheit zu sein; unter den fünfzehn Sportlern sind nur zwei Frauen.

Essen in Brasilien ist ein fortgesetztes orgiastisches Delirium. In Amazonien bin ich wieder in die Welt meiner geliebten Garküchen eingetreten, die sich in Belém thekenähnlich am Markt kumulieren; in Manaus finden sich die leckersten in der Avenida Eduardo Ribeiro, die zum Hafen hinunterführt. In den Garküchen gibt es traditionelle Gerichte, die häufig afrikanischen Ursprungs sind und sich in ganz Brasilien als Nationalgerichte etabliert haben. *Vatapá* ist ein Brei aus Maniokmehl, Kokosmilch und Palmöl; *caruru* besteht aus gekochten und zerstampften Okra – weswegen es etwas schleimig ist – mit Zwiebeln, Chili und getrockneten Shrimps und wird meist als Soße zu Fisch und Reis gegessen. *Sopa de mocotó* ist eine besonders gute, herzhafte Suppe, magenfüllend wie alles in Brasilien. Sie wird mit Reis dickgekocht und enthält Kartoffeln, Okra, Karotten, Kraut, Süßkartoffelblätter und Nudeln.

Salvador da Bahía ist kulinarisch das Reich der *Baianas*, und ihr Angebot lässt sich in ein Wort fassen: *acarajé*. Diese apfelsinengroßen Bälle aus braunem Bohnenmus werden frittiert, aufgeschnitten und gefüllt mit *vatapá*, *molho de pimenta* (Pfeffersauce), getrockneten Shrimps sowie einer Mischung aus gehackten grünen Tomaten, kleingehackten gekochten Okraschoten und etwas Koriander. Das Gericht ist ebenso afrikanischer Herkunft wie die Köchinnen. Die *Baianas* in ihrer wehenden weißen oder zitronengelben Musselinkleidung – wadenlanger weiter Rock, Bluse mit weiten kurzen Ärmeln und Spitzeneinsatz sowie ein kunstvoll um den Kopf geknüpftes Tuch – beherrschen das Bild des Pelourinho wie Königinnen.

Für Obstfans ist Brasilien ein absolutes Schlaraffenland. Abgesehen von den üblichen Tropenfrüchten, die hier meist in XXL vorkommen, gibt es in Brasilien etliche endemische Obstsorten, die nur in Amazonien wachsen und für die es auch nur unübersetzbare einheimische indianische Namen gibt. So mache ich die Bekanntschaft von Açaí, Cupuaçu, Acerola.

Açaí ist eine der über 350 in Brasilien heimischen Palmenarten; die Früchte, die die Größe und Farbe von Brombeeren haben, wachsen, wie bei allen Palmen, büschelweise lange geschmeidige Zweige entlang. Sie bilden für die *caboclos* ein wichtiges Nahrungsmittel; die den Açaí im Übrigen noch zugesprochenen Kräfte – sie seien etwa ein Heilmittel gegen Diabetes, Schlankheitsmittel und außerdem natürlich lustfördernd – sind wohl allerdings eher mythisch. Ich ergattere einmal den frischen, tiefvioletten Açaí-Saft, den ich durchaus gewöhnungsbedürftig finde. Die Frucht schmeckt waldig-beerig, schwer, *sehr* herb, fast schon pflanzlich, am ehesten noch wie unreifer Holunder. Cupuaçu ist eine Verwandte der Kakaofrucht, oval und etwa so groß wie eine Honigmelone, mit einer rauen schmutzigbraunen Schale. Im Innern sind dicht an dicht schneeigweiße weiche Spalten, die man von einem Stein ablutschen muss. Der Geschmack? Völlig unbeschreiblich. Nicht sauer, nicht herb, eher schon medizinisch. Aus den Steinen wird weiße Schokolade hergestellt.

Meine erklärten Favoriten sind Acerola, eine wahre Gesundheitsgranate; der Vitamin-C-Gehalt liegt etwa dreißig (!) Mal höher als der von Zitrusfrüchten. Die hochattraktiven Früchte sind so groß wie Süßkirschen, aber nicht so makellos rund, sondern etwas kantig, wie winzige Äpfel, und auch fast so fest. Ihre Farbe ist außen ein leuchtendes Zwischen-Kirsch- und-Erdbeer-Rot, das Fruchtfleisch ist hellorange. Auch der Duft schwankt zwischen Kirsche und Erdbeere, ist süß, sehr intensiv, fast bonbonartig; der Geschmack ist angenehm säuerlich und erfrischend. Im Innern befindet sich kein Stein, sondern drei große helle Samen, die Bucheckern ähneln.

Ein bisschen Sprachwissenschaft kann ich mir nicht verkneifen – gelernt ist schließlich gelernt. In der Sprache der Tupí- und Guaraní-Indianer, der Urbevölkerung Brasiliens, ist die Endung *-uaçu* ein sogenannter Augmentativ, also eine Vergrößerungsform für Substantive. Daher passt Iguaçu (großes Wasser) perfekt in die Reihe mit Paraguaçu (großer Fluss; indianisch für Amazonas) und der Riesenfrucht Cupuaçu. Das Große Wasser dürfte für einen der aufregendsten Grenzverläufe der Welt verantwortlich sein. Hier zwischen Brasilien und Argentinien bildet der Río Iguaçu die größten Wasserfälle der Erde. Drei Kilometer breit und 80 Meter hoch, bestehen sie eigentlich aus 275 einzelnen Wasserfällen, die über zwei Stufen stürzen. Der Fluss kommt über Sumpfland irgendwo aus dem Dschungel, aus der Tiefe der grünen Unendlichkeit; zwischen der ersten und zweiten Stufe bildet er ein tödliches Bassin mit großen spitzen Felsen.

Manche der Katarakte fallen ruhig wie absolut senkrechte Vorhänge oder lange altmodische Hochzeitskleider aus Tüll; andere quellen in dicken, schaumigen mächtigen Massen hervor, fast wie stürzender Qualm. Das Wasser hat die Farbe von zerstoßenem Eis oder gefrorenem Bachwasser, nur dass gefrorenes Bachwasser still stünde; in der Nähe der Abbruchkante ist es jadegrün. Die vielen kleineren, schmaleren Fälle sind wie weiße Seidenbänder. Noch in fünfhundert Metern Entfernung spürt man die Gischt auf der Haut, Gischt wie Wasserdampf.

Und dann ist da die Stimme des großen Wassers. Was ist es? Ein Donnern? Ein Dröhnen? Ein Brausen? Alles zusammen? Auf jeden Fall ist es immer absolut gleichmäßig, wird nie lauter, nie leiser, man kann es nicht abstellen. Eine ewige Urgewalt von einem Geräusch.

Ganz klar, Brasiliens unvergleichliche Großartigkeit gründet sich auf Wald und Wasser.

Und ja – der Blick vom Corcovado auf den Zuckerhut und die Bucht von Botafogo ist genauso zauberhaft wie auf den Ansichtskarten. Die Favelas (Armenviertel), die sich die Hänge hinaufziehen und in denen zwei Millionen der Einwohner Rio de Janeiros leben, sieht man nicht.

GRÜNES GOLD

Giftschlangen, Krokodile, Malariamücken, Spinnen, Piranhas, Raubtiere, alles überwuchernde Schlingpflanzen, unerträgliche feuchte Hitze. Meine einzige Sorge ist im Augenblick allerdings, meinen Führer Edilson bloß nicht zu verlieren. Auch nur zwei Schritte vom für mich überhaupt nicht als solcher erkennbaren Pfad abzuweichen, wäre das Ende. Oben, unten, rechts, links – alles sieht gleich aus. Ganz klar – das ist die grüne Hölle.

Der Regenwald Amazoniens ist immer noch mit einer Fläche von etwa sechs Millionen Quadratkilometern 17mal so groß wie Deutschland und bedeckt beinahe die Hälfte Brasiliens. Dabei wurde seit 1975 ein Gebiet von der Größe Frankreichs unwiederbringlich zerstört. Straßenbau- und Holzfirmen, Goldsucher, Viehzüchter machen sich die grüne Hölle zunutze. Seit einiger Zeit geht das Interesse an der grünen Hölle und den in ihr noch verbliebenen etwa 350.000 Indianern, die in der Vergangenheit Bodenspekulanten oft genug

„im Weg" waren, aber in eine andere Richtung. Etwa 1.300 der Pflanzenarten Amazoniens, so schätzt man, können als pharmazeutische Rohstoffe verwendet werden. Wer weiß – vielleicht wächst irgendwo in diesen Wäldern das Universalheilmittel gegen Aids oder Krebs, oder womöglich sogar die Quelle der ewigen Jugend? Die grüne Hölle als grünes Paradies.

Schon ein paar tausend Jahre bevor Francisco de Orellana den Amazonas hinunterpaddelte, wussten die in seinen Wäldern lebenden Menschen sich zahllose Pflanzen als Medizin zunutze zu machen. Vieles vom Wissen der Indianer haben die *caboclos* übernommen und bewahrt. Mit Spannung folge ich Edilson durch die kostenlose Urwaldapotheke. Viele Früchte sind nicht nur gut zum Essen. So hilft ein Trank aus Cashew-(Caju-)Äpfeln gegen Durchfall, Tee aus Mangoblättern gegen Koliken und ein Sud aus den Wurzeln der Açaí-Palme gegen Wurmbefall; ein Aufguss aus Guavenblättern wirkt schmerzstillend. Fiebersenkende Mittel gibt es, je nach Region, unterschiedliche, zum Beispiel Andirobarinde oder die Wurzel der Sarsaparille, aus denen ebenfalls Tees gebraut werden. Ein Sud aus bestimmten Baumrinden wird gegen Pilzerkrankungen verwendet. Andere werden in den Brunnen gelegt; diese Baumrinden enthalten einen Vitamin-B-Komplex, und das so behandelte Wasser schützt gegen Malaria. Auch verschiedene Baumharze sind nützlich. Edilson zeigt mir eine Gummibaumart, dessen elastischer Milchsaft sofort trocknet und als Naturpflaster zum Verschließen von Wunden benutzt wird. Der Pflanzensaft der „*vique*"-Pflanze, wie Edilson sie nennt, ist ein Erkältungsmittel ähnlich dem industriellen „Wick"-Balsam – daher der modernisierte Name. Die Passionsblume besticht nicht nur durch ihre zauberhafte Schönheit; ein aus der Blume

gebrauter Trank soll auch ein wirkungsvolles Empfängnisver-
hütungsmittel sein.

Mitte des 19. Jahrhunderts kämpfte auf der anderen Seite
des Atlantiks der Budapester Arzt Ignaz Semmelweis einen zu
Lebzeiten vergeblichen Kampf um die Anerkennung von Des-
infektion als Prophylaxe gegen Wundinfektionen. Auch hier
waren die Amazonasbewohner den Europäern um ein paar
Jahrtausende voraus, da man die entzündungshemmende und
antiseptische Wirkung des Öls der Andirobasamen kannte.
Auch eine drastischere Methode gab es. Wenn die Indianer
verwundet waren, erzählt Edilson, ließen sie sich von Riesen-
ameisen beißen, deren Gift als Desinfektionsmittel wirkte.
Junge Indianer setzten sich manchmal zur Abhärtung in solche
Ameisenhaufen. Man konnte an den Toxinen sterben, aber
wer die Tortur überlebte, stärkte sein Immunsystem.

XXXVIII. FRANZÖSISCH-GUAYANA
XXXIX. SURINAM

Der Äquator lag hinter uns. Zwanzig Meilen im Westen lag Guyana, französischer Boden, auf dem wir leicht Zuflucht gefunden hätten.
(II/17/546)
Am nächsten Tag, dem 12. April, näherte sich die Nautilus *tagsüber nahe der Mündung des Maroni der holländischen Küste.*
(II/17/549)

Als sich der Bus endlich entschließt, am Bussteig vorzufahren, bricht der Sturm los. Die wartenden Passagiere, zum größten Teil Frauen, stürzen auf beiden Seiten an die Fenster und werfen ihre Taschen hinein, um die Sitze zu belegen, mitunter zwei auf einmal. So schnell komme ich nicht mit, weil mich mein Packrucksack behindert; außerdem bin ich von diesem mir unvertrauten System der Platzreservierung überrumpelt. Dann jedoch drängele ich mit dem Pulk genauso rücksichtslos wie alle anderen durch die Tür – Höflichkeit oder Vortritt lassen sind hier unangebracht, und mein klobiger Rucksack, der verhindert, dass man sich an mir vorbeiquetschen kann, verschafft mir jetzt einen immensen Vorteil. Geschafft! Es ist mir gelungen, einen der Hilfsklappsitze im Mittelgang zu ergattern, den ich mit allen mir zur Verfügung stehenden Mitteln zu verteidigen bereit bin. Ich stelle den Rucksack zwischen meine Knie, so dass er meinem Vordermann als Lehne dient;

auf dem linken Oberschenkel balanciere ich eine Plastiktüte, die meiner Sitznachbarin gehört.

Der kleine Bus, eine klapprige rotbunte Blechkiste mit zerschlissenen Schaumgummisitzen, bietet Platz für dreißig Passagiere, dazu kommen noch ein paar Kinder und scheinbar unlimitierte Berge von Gepäck. Die Buspassagiere warten mit allen Hautfarben in sämtlichen Schattierungen auf, wobei ich selbst eindeutig an dem einen Ende der Palette rangiere; an Sprachen hört man Holländisch, Englisch, Französisch, Hindi, vor allem aber Kreolisch – Saramacca oder Sranan-Tongo („Taki-Taki"). Eine Marktfrau mit zu Zöpfchen geflochtenen Haaren, ausladenden Taschen und noch ausladenderen Hüften unterhält mit mir leider unverständlichen, aber offenbar flotten Sprüchen den ganzen Bus.

Surinam ist nicht ganz halb so groß wie Deutschland und hat nur eine halbe Million Einwohner, von denen wiederum die Hälfte in der Hauptstadt Paramaribo lebt; hinter einem etwa 35 Kilometer breiten Savannengürtel entlang der Küste beginnt der Regenwald. Entsprechend minimalistisch ist Surinams Infrastruktur. Die Straße von Paramaribo nach Albina an der Einmündung des Maroni in den Atlantik ist in schauderhaftem Zustand. Über weite Strecken ist sie nur geschottert oder überhaupt nicht mehr als eine planierte Piste. Das Sammeltaxi, das ich vor einigen Tagen in die entgegengesetzte Richtung benutzt hatte, war über die schlaglochfreien Teilstücke mit 130 Sachen gebrettert und hatte die 142 Kilometer bis in die Hauptstadt in zweieinhalb Stunden zurückgelegt; der Bus der staatlichen Verkehrsbetriebe von Surinam braucht doppelt so lange. Das überfüllte Gehoppel lohnt sich jedoch, zumindest für mich; während das Sammeltaxi pro Person fünfzehn Euro kostete, zahle ich heute für dieselbe Strecke im Bus nur 8,50 Surinam-Dollar (1,75 Euro).

Ich schließe mich einer Dschungeltour zum Brownsberg an. Der surinamische Hochwald kann sich mit den Wäldern am Amazonas zwar nicht vergleichen; auch ist er sehr berührt, denn durch die Stauung des Surinam-Flusses ist hier am Brownsberg der riesige künstliche Blommesteinsee entstanden. Trotzdem sind die Urwaldriesen immer noch groß genug und ich lerne auch noch einiges dazu, zum Beispiel über die Hauptakteure eines grausigen Dramas, das sich mit schöner Regelmäßigkeit abspielt und mit einer Feige in der Hauptrolle. Die dicken Lianen, Inbegriff des Urwalds, seitdem sich Tarzan von einer zur anderen schwang, sind die Luftwurzeln der als Parasit im Geäst anderer Bäume lebenden Würgefeige. Sobald die Luftwurzeln Bodenberührung haben, wickelt der Baummörder ein Geflecht von Stämmen um den Wirtsbaum, das ihn allmählich erstickt. Also doch die grüne Hölle? Ebenso faszinierend, aber weniger brutal sind die meterhohen und flachen dreieckigen Brettwurzeln vieler Urwaldriesen. Die Bäume haben sie aus Gründen der Stabilität entwickelt, denn tief sind die Wurzeln nicht – sie würden sonst im Boden faulen, und wegen der ausreichenden Nässe an der Oberfläche ist es auch nicht nötig, tiefer zu gehen. Die in den Regenwäldern lebenden Maroons und Amerindians schlagen zum Signalgeben mit einem großen Stein an die Brettwurzeln, wenn sie sich verirrt haben – es klingt hohl wie eine Trommel und ist weithin hörbar.

Aus den elastischen und absolut wasserdichten Blättern der *balulu*-Pflanze kann man praktische und umweltfreundliche Einweg-Trinkbecher falten. Phantastisch ist der Morpho-Schmetterling, der überall in dem dichten dunklen Grün flattert. Er ist mit Sicherheit der Inbegriff der Farbe Blau; seine Flügel glänzen wie Metall. Unglaublich, dass die Natur so etwas hervorbringt. Leider ist er immer in Bewegung, so dass man ihn nicht fotografieren kann.

Das Städtchen Albina am Maroni wirkt improvisiert, unfertig und vorübergehend. Einst als Sommerfrische für die Bewohner Paramaribos gegründet, wurde es in den 1980er Jahren fast völlig zerstört: Surinam ist auf der Weltkarte ein noch junger Staat, kann aber in seiner kurzen Geschichte schon auf eine Militärdiktatur und einen Bürgerkrieg zurückblicken. Die Atmosphäre in Albina ist durchaus frontstadtmäßig. Im Süden fängt direkt hinter den letzten Hütten am Westufer des Maroni der Urwald an und damit auch das Goldschürfen in den undurchdringlichen Tiefen des Landes. Nur fünf Prozent des Gegenwertes seiner Goldvorkommen, so wird geschätzt, fließen zurück in Surinams Staatskasse; alles andere wandert in die Taschen von „Teilhabern" mit wenig Skrupeln – ausländische Firmen und illegale Goldsucher, die vermehrt auch aus Brasilien über die so grüne Grenze kommen. Die Frauen von Albina versuchen mühselig, einen Lebensunterhalt zusammenzukratzen, mit winzigen Gemüseständen entlang der Straße, ärmlichen Garküchen oder als Friseurinnen.

Der *Kapsalon* von Rosalie ist vielleicht sechs Quadratmeter groß, eine bezüglich ihrer Stabilität nicht sehr vertrauenerweckend aussehende Bude auf einem Stück Niemandsland zwischen einem Haus und der Straße, zusammengesetzt aus Brettern, Spanplatten und Wellblech, und mit Farbresten in Blau, Weiß und Grün gestrichen. Doch im Innern ist alles, was eine Friseurin braucht, zumindest in einfacher Ausfertigung, vorhanden, bis hin zur tragbaren Trockenhaube. Es gibt Strom, aber das Wasser zum Haare waschen muss in Eimern herbeigetragen werden. Rosalie versteht ihr Handwerk. Gemächlich und sorgfältig verpasst sie mir einen Haarschnitt, der dem schweren Dampfsaunaklima der Guayanas angemessen ist – und wie! Unsere Verständigung ist schlecht. Rosalie spricht weder Englisch noch Französisch noch Holländisch. Wir einigen uns irgendwie auf „zwei Zentimeter". Scheinbar denkt Rosalie aber nicht, dass sie zwei Zentimeter abschneiden, sondern dass sie mir zwei Zentimeter stehen lassen soll.

Am anderen Ufer des Flusses, der auf dieser Seite Marowijne heißt, liegt Saint-Laurent im letzten noch nicht unabhängigen der drei Guayanas. In Sichtweite ist die *Nautilus* sicher nicht vorbeigefahren, denn die *„Mündung des Maroni"* ist noch ein paar Kilometer entfernt. Der 11. und 12. April 1868 müssen für Professor Aronnax, Conseil und Ned Land besonders peinsam gewesen sein, denn *„französischer Boden"* und die *„holländische[...] Küste"* sind zum Greifen nah. Holländisch wurde diese unzugängliche Küste durch einen bizarr anmutenden Tauschhandel zwischen zwei einstmals großen Seemächten. Paramaribo entstand 1651 als britische Kolonie Willoughbyland, ein Fort und ein paar Zuckerrohrplantagen, und wurde im zweiten Englisch-Niederländischen Seekrieg (1663-1667) von den Holländern besetzt. Im Frieden von Breda 1667 traten die Engländer den Holländern Willoughbyland ab, die dafür ihre von den Engländern besetzte nordamerikanische Kolonie Nieuw Amsterdam hergaben. Die Engländer behielten diesen Namen natürlich nicht bei, sondern tauften Nieuw Amsterdam um. In New York. Diesen Namen hat die Exkolonie noch immer. Die Holländer tauschten also die heute bekannteste Stadt der Welt gegen eines der heute am wenigsten bekannten Länder der Welt. Wirklich ein eigenwilliges Immobiliengeschäft. 1975 wurde Surinam unabhängig.

Frankreich jedoch klebt nach wie vor an seinem „Boden“, einer Fläche so groß wie Österreich, das letzte Kolonialgebiet auf dem südamerikanischen Kontinent. In der Nähe des Piers, an dem die Motorpiroge anlegt, die mich von Albina nach Saint-Laurent-du-Maroni gebracht hat, steht ein Zollhäuschen. Der Zollbeamte, der mit Schreibkram beschäftigt ist, reagiert verwundert auf meine Frage, ob ich meinen deutschen Pass irgendwo stempeln lassen müsste. „Nein, wieso? Sie sind hier in der Europäischen Union.“ Aha. Ach so. Normalerweise stehen ja in der Europäischen Union nicht überall Bananenstauden und Zuckerrohr herum.

Was mich im Augenblick allerdings viel mehr beschäftigt ist die interessante Frage, ob Professor Aronnax hier 1868 wirklich so gerne Zuflucht gesucht hätte. Ob er in seiner Heimatverklärung wohl wusste, dass Frankreich seine Überseebesitzung sechzehn Jahre zuvor in eine Sträflingskolonie umgewandelt hatte? Zwei Gefängnisse für deportierte Zuchthäusler gab es in Französisch-Guayana, auf den Îles du Salut vor Kourou und eben hier an der Mündung des Maroni. Saint-Laurent-du-Maroni wurde ab 1858 von den und für die Sträflinge gebaut. Es gibt heute noch halbe Straßenzüge mit schönen Steinhäusern aus der vorletzten Jahrhundertwende, die hohe Fensterläden und hohe Decken haben, auch große Holzhäuser in nicht besonders gutem Zustand.

Das Camp de la Transportation, die ehemalige Strafkolonie, wirkt auch in seinem ruinösen Zustand noch bedrückend. Was immer die hierher Deportierten auch auf dem Kerbholz gehabt haben mögen, man hat fast Mitleid mit ihnen. Die „Schlafsäle“, die chronisch überfüllt gewesen sein müssen, haben nichts als eine gemauerte „Bett“konsole. Die vielen Einzelzellen haben eine Größe von etwa vier Quadratmetern und wirken, obwohl ebenerdig, wie Gruften oder Verliese. In allen sieht man noch die drei verrosteten eisernen Halterungen, auf denen einst die Pritschenbretter lagen. Die Zellen hatten ein hohes vergittertes Fenster, waren von schweren Holztüren verschlossen, außen mit einem gewaltigen Riegel, und die Gefangenen waren noch einmal extra angekettet. Es hallt dumpf in diesen Zellen. Arbeitsverweigerung oder jeder Angriff auf einen Wärter wurden mit dem Tod bestraft. Ganz hinten im Isoliertrakt ist noch der runde Steinsockel zu sehen, wo bei Bedarf die Guillotine aufgepflanzt wurde. Schräg gegenüber, mit besonders gutem Blick auf die Guillotine, befindet sich die Zelle Nr. 47. Hier saß der mutmaßliche Mörder Henri Charrière ein.

Mutmaßliche. Zur Zwangsarbeit nach Guayana wurden nicht nur Schwerverbrecher geschickt. Auch Gewohnheitsdiebe, Geldfälscher, Deserteure und „politische" Gefangene wurde man gern hierher los. Als berühmtester französischer Justizirrtum ging der skandalöse, von Antisemitismus geprägte Prozess gegen Hauptmann Alfred Dreyfus in die Geschichte ein, der 1895 als angeblicher Militärspion für Deutschland wegen Landesverrats verurteilt und deportiert wurde. Da an seiner Schuld bald Zweifel aufkamen, durfte er 1899 zurückkehren und wurde 1906 voll rehabilitiert. Dreyfus hatte Glück. Denn wegen des mörderischen Klimas, der Tropenkrankheiten und der miesen Haftbedingungen kam die Verschickung nach Guayana für viele Häftlinge einem Todesurteil gleich. Innerhalb von hundert Jahren wurden 70.000 Verurteilte in dieses größte Gefängnis der Welt deportiert, das durch den umgebenden Dschungel und das Meer fast ausbruchssicher war.

Die brutalen Haftbedingungen beschrieb der vorgenannte Henri Charrière (1906-1973), der besser bekannt war als „Papillon", in seinem weltberühmten teilautobiographischen Buch desselben Namens. Charrière verbrachte elf Jahre im Camp de la Transportation in Saint-Laurent, von wo er neun Fluchtversuche unternahm. 1941 entkam er und verbrachte den Rest seines Lebens in Venezuela; seine 1970 in Großbritannien erschienenen Erinnerungen wurden mit Steve McQueen in der Titelrolle verfilmt.

1953 wurden die Deportationslager von Französisch-Guayana geschlossen.

Präsent im Kollektivgedächtnis der Europäischen Union ist Französisch-Guayana heute nur noch, wenn überhaupt, durch die gelegentlichen Abschüsse von Forschungsraketen vom Weltraumbahnhof Kourou. Vor dem Besucherzentrum steht das originalgroße Modell einer *Ariane*, vor dem man sich fotografieren lassen kann.

Meine Hängematte erweist sich auch weiterhin als praktisches Reiseaccessoire. Einfache Guesthouses und *gîtes* haben alle draußen ein überdachtes Plätzchen, das Raum für ein paar Hängematten bietet. Wieder einmal ein billiger Freiluftschlafsaal, in dem wenigstens nachts die Guayana-Temperatur erträglich wird. Längst habe ich gelernt, mein Moskitonetz perfekt über meine Hängematte zu drapieren. Komfortabler allerdings schlafe ich bei meinen Freunden in der Hauptstadt Cayenne, Jean und Sandrine, einem Lehrerehepaar aus Frankreich. „Sie sind hier in der Europäischen Union," hatte der Zollbeamte in Saint-Laurent gesagt. In Cayenne äußert sich das unter anderem in der Anwesenheit der größten französischen Supermarktketten. Und so genieße ich fünf Breitengrade nördlich des Äquators zur Abwechslung nicht nur Mozart, französische Satiresendungen und Gespräche über französische Literatur, sondern auch französischen Champagner, knuspriges Baguette, Schokoladencroissants, französischen Käse und Muscheln in Weißwein. Abgefahren.

DIE WELT IN DER NUSS-SCHALE

Französisch-Guayana und das ehemalige Niederländisch-Guayana, Surinam, haben zusammen eine Fläche von 247.355 Quadratkilometern – so groß wie die alte Bundesrepublik vor der Wiedervereinigung. Auf diesem Gebiet leben insgesamt 720.000 Menschen – nur wenig mehr als in Frankfurt am Main. Doch diese Handvoll Menschen sorgt für ein kulturelles Feuerwerk, denn in den Guayanas scheint die ganze Welt versammelt.

Der Anteil der indianischen Urbevölkerung, verschiedene Arawak-Stämme, heute meist Amerindians genannt, liegt irgendwo zwischen fünf und zehn Prozent. Bei einem Folklorefestival in Paramaribo am 1. Mai sehe ich eine Tanzgruppe in traditioneller Festkleidung. Männer wie Frauen tragen stufige Röcke, nur sind die der Männer schmal geschnitten und wadenlang, während die der Frauen glockig fallen und nur bis zum Knie reichen. Dazu gehören ein ponchoartiges Oberteil mit sehr weiten Ärmeln, Stirnband und Schmuckbänder an den Unterschenkeln. Die Festkleidung ist ganz in Rot-Weiß und überreichlich mit Fransen verziert. Sieht schön aus. Allerdings trugen die Amerindians ursprünglich sicher nicht Wolle. Auch insgesamt haben sich die Häuptlinge inzwischen sehr verändert. Nach der Veranstaltung sehe ich den Vortänzer

84

noch einmal. Er trägt, sehr unromantisch, Jeans, ein T-Shirt, ganz normale Laufschuhe und eine Brille, und er geht zu seinem Geländewagen. Die Amerindian-Dörfer um Saint-Laurent herum bestehen aus Holzhäusern und Wellblechhütten, haben aber Versammlungshallen in der typischen Architektur – eine große, mit einem Palmstrohdach überspannte Fläche. Das einnehmendste sind die gelegentlichen indianischen Namen an den Briefkästen, wie zum Beispiel Kayamare.

Etwa ein Drittel der Bevölkerung in den Guayanas sind Kreolen, Nachkommen ehemaliger schwarzer Sklaven. Der sonntägliche Kirchgang wird geradezu zum Fest in der Gegenwart der kreolischen Frauen in ihren feinen weißen Kleidern mit Kunstspitze; ihre kleinen Töchter tragen rosa oder weiße Seidenkleider und bunte Plastikperlen im zu Zöpfchen geflochtenen Haar. Viele der verschleppten Westafrikaner flüchteten schon vor Aufhebung der Sklaverei (1840 beziehungsweise 1863) in die undurchdringlichen Urwälder im Süden, wo sie autark lebten und ihre Sprachen und Traditionen bewahrten; sie werden Maroons genannt. Viele Amerindians und Maroons sind heute Katholiken; so zeigt denn auch die Tür der Kirche von Roura in Französisch-Guayana nicht etwa zur Straße, sondern zum Fluss: Die meisten Gläubigen kommen mit dem Boot aus dem Dschungel zum Gottesdienst.

Die berühmte Peter-und-Pauls-Kathedrale in Paramaribo, die auf der Weltkulturerbeliste der UNESCO steht, ist eines der größten Holzgebäude Südamerikas. Das atemberaubende Innere, schwer neorenaissanceverdächtig, ist ebenfalls ganz aus Holz geschnitzt. Ein paar Straßenecken von der Kathedrale entfernt steht die gewaltige Moschee der Stadt, mit Zwiebelkuppel und vier Minaretten; auf dem Grundstück direkt daneben befindet sich die Synagoge mit vielen alten Grabplatten im Hof. Getrennt werden die Moschee und die Synagoge von einer Mauer. Aber nicht von Stacheldraht. Die heute verlassene Plantagensiedlung Joedensavanne etwa 50 Kilometer südlich von Paramaribo war eine der ersten jüdischen Ansiedlungen der Neuen Welt. 1640 ließen sich hier sephardische Juden nieder, die aus Spanien und Portugal vor der Inquisition geflohen waren.

Nach der Abschaffung der Sklaverei wurden bis zum Beginn des Zweiten Weltkrieges Vertragsarbeiter aus Indien und Java nach Surinam angeworben; ihre Nachkommen stellen dort heute insgesamt etwa 40 Prozent der Bevölkerung: Indonesien mit Java war bis 1949 Niederländisch-Indien, indische Arbeitskräfte sicherte man sich durch ein entsprechendes Abkommen mit den damaligen britischen Kolonialherren. Ich bin den Javanern insgeheim dankbar für ihr Kommen und ihre gut bestückten Essensstände entlang der Waterkant von Paramaribo, mit gebratenem Reis, gebratenen Nudeln und Fisch-Saté. Im obersten Stockwerk des Zentralmarktes finde ich die Inder, die diese Etage untereinander aufgeteilt haben. In den endlos vielen Parzellen gibt es hauptsächlich Klamotten, Schuhe, Kosmetika und alle möglichen preiswerten Gebrauchsgüter. Es duftet nach indischen Gewürzen und Parfümölen.

Nach Französisch-Guayana kamen asiatische Einwanderer vornehmlich in den 1970er Jahren, aus den damals kriegszerrütteten Staaten der ehemaligen französischen Kolonialbesitzung Indochina. Im Dorf Cacao 70 Kilometer südlich von Cayenne, zwei roterdige Straßen längs und vier quer, umgeben von dampfendem Dschungel und Bananenstauden, leben etwa 950 Menschen – laotische Hmong. Die Häuser sind im laotischen Stil, Pfahlbauten mit luftiger Veranda, Abstell- und Ausruhfläche unter dem Haus, aber als Baumaterial wird nur Holz verwendet, kein Bambus oder Palmstroh. Die Kirche hat das aufgeschwungene und bis fast auf den Boden reichende Dach einer Pagode. Die Hmong produzieren heute einen Großteil des Obstes und Gemüses für Französisch-Guayana, vor allem Rambutans. Berühmt ist ihr Sonntagsmarkt; in den winzigen Freiluftrestaurants rund um den Markt gibt es traditionelle Gerichte wie *nem* (mit Gemüse und Glasnudeln gefüllte Reismehlpfannkuchen) und Nudelsuppe mit Krabben und frischem Grün. Hmong-Frauen vorgerückten Alters tragen noch asiatische Kleidung: kurzärmelige Batikblusen, Sarong oder knöchellange schwarze Hosen mit weiten Beinen und um den Kopf geknüpfte Tücher in lila Grundfarbe. Die Vietnamesen, oder vielmehr Vietnamesinnen, beherrschen mit ihren Nudelsuppengarküchen die Markthalle von Cayenne.

Viele kleine einfache Supermärkte sowohl in Französisch-Guayana als auch in Surinam werden von chinesischen Familien geführt. Auffallend ist in diesen Etablissements das übergroße Angebot an Instantnudelgerichten. Die Chinesen haben auch die Tradition der Vogel-Singwettbewerbe mitgebracht; sie werden am Sonntagmorgen in Paramaribo auf dem Onafhankelijkheidsplein (Unabhängigkeitsplatz) abgehalten. Auf dem hinteren Viertel des Friedhofs von Cayenne stehen dicht an dicht Gruften in der Form chinesischer Familientempel. An Europäern leben in Französisch-Guayana etwa 25.000, ein Großteil davon in Kourou. Die Anzahl der Nachkommen der ehemaligen weißen Kolonialherren in Surinam ist jedoch vernachlässigbar. Ihre Hinterlassenschaft besteht hauptsächlich in *bloedworst*, *vleesworst* und Topfkuchen an einigen Imbissbuden in Paramaribo.

XL. MARTINIQUE
XLI. GUADELOUPE

Am 16. April bekamen wir in einer Entfernung von ungefähr dreißig Meilen Martinique und Guadeloupe in Sicht. Einen Augenblick lang erblickte ich ihre aufragenden Bergspitzen.
(II / 18 / 554)

I . MARTINIQUE

„Es war acht Uhr. Es war noch keiner dagewesen, um mir meine Tagesration zu bringen, als man plötzlich ein ungeheures Krachen hörte. Überall Schreie, Hilfe, ich verbrenne, ich sterbe. Nach fünf Minuten schrie niemand mehr ...“

1868, als Professor Aronnax an Bord der *Nautilus* Martinique passierte, abermals „französischer Boden“, bis heute, hieß die Hauptstadt Saint-Pierre. Sie kuschelt sich in eine schöne Bucht am Fuß der am höchsten aufragenden Bergspitze Martiniques, des 1.400 Meter hohen Vulkans Montagne Pelée, der am Morgen des Himmelfahrtstages 1902, dem 8. Mai, explodierte. Zwei gewaltige Qualmwolken verdunkelten in einem Umkreis von 80 Kilometern den Himmel; glühende Lava, Vulkangase und tausend Grad heißer Dampf erreichten Saint-Pierre in weniger als einer Minute, und dann folgte ein Regen aus Schlamm und Asche. Die Überreste der Stadt brannten noch mehrere Tage; etwa 30.000 Menschen verloren ihr Leben. Ein neues Pompeji mit einem bitteren Vorgeschmack auf Hiroshima.

Am Vorabend der Katastrophe war ein 27jähriger Arbeiter wegen Verwicklung in eine Messerstecherei verhaftet und ins Gefängnis gesteckt worden. Vier Tage später entdeckten Rettungstrupps Louis-Auguste Cyparis, der durch den heißen Dampf schwere Verbrennungen erlitten hatte, in den Ruinen des Gefängnisses, wo man heute seinen in eine Marmorplatte gravierten Ohrenzeugenbericht lesen kann. Cyparis war der einzige Überlebende von Saint-Pierre.

Die Montagne Pelée ruht seit inzwischen 80 Jahren, doch erloschen ist der Vulkan nicht. Als wollte er verhindern, dass die Menschen das je vergessen, umschwebt stets ein Wölkchen im blauen Karibikhimmel die Spitze. In der Zwischenzeit bietet er Wanderungen in einer schroffen und üppiggrünen Berg-und-Tallandschaft, wie ich sie auch schon auf den Marquesas-Inseln und in Papua-Neuguinea gesehen habe, und schöne Ausblicke. Martinique ist meist hügelig und ziemlich zersiedelt; auf der kleinen stummelschwanzartigen Halbinsel von Sainte-Anne ganz im Süden flacht es zur Savane des Pétrifications aus, einer heißen, vegetationslosen Ebene. Der Name rührt von einem versteinerten Wald her, der hier einmal gestanden hat. Das versteinerte Holz wurde jedoch längst als Baumaterial weggeholt. Eine bizarre, wenngleich nicht hohe Steilküste führt zur Pointe d'Enfer. Die Strände von Martinique reichen trotz ihrer schönen Buchten nicht an die der Südsee heran. Sie sind meist mangrovengerändert und das Wasser ziemlich sandbeladen.

Auch in Martinique gibt es natürlich die französischen Hypermärkte mit ihrer wahnwitzigen Vielfalt von Käsen, Wein und Schokolade mitten in den Tropen. Einheimische Alternative ist aber nicht leicht zu finden, jedenfalls nicht im Grand Marché von Fort-de-France, das nach der Totalzerstörung von Saint-Pierre neue Inselhauptstadt wurde. Hauptsächlich werden Souvenirs angeboten; es gibt kaum Obst, und das wenige ist völlig überteuert. Ein sagenhafter Deal sind jedoch die Vanillestangen, die in Deutschland kaum noch erschwinglich sind. Hier wird ein Bund von 25 Stück für lächerliche 10 Euro verkauft. Leider kann ich sie nicht mitnehmen.

In Les Trois-Ilets führt eine Gasse mit alten Häusern von der Pfarrkirche zum Bootshafen. Es sind einstöckige Holzhäuser mit Walmdach, gestrichen in kräftigen Tönen – gelb, orange, blau, hellblau, pastellrosa –, die Fensterläden immer anders als die Fassade. Manche Außenbezirke von Fort-de-France, die sich die Hänge hinaufziehen, ähneln mit vielen Bauruinen, baufälligen Häusern und leerstehenden Holzhäusern allerdings eher brasilianischen Favelas. Auch die Ruinen im wiederaufgebauten Saint-Pierre, das eigentlich lediglich aus zwei parallel verlaufenden Einbahnstraßen besteht und heute nur 5.000 Einwohner hat, sind garantiert nicht alle von 1902. Einige Gebäude von damals hat man als Mahnmal an die Katastrophe stehen gelassen. Das Dach und die Frontfassade eines ehemaligen Reihenhausviertels an der Corniche, in dem Kaufleute wohnten, sind eingestürzt. Die einst prächtige Freitreppe des Theaters führt ins Nichts. Die Grundmauern von Bühne und Orchesterraum sind erhalten geblieben, man fühlt sich ein bisschen wie im Colosseum.

Direkt neben dem einstigen Theater befindet sich das einstige Gefängnis, und die Zelle, in der Louis-Auguste Cyparis überlebt hat, steht noch immer. Sie lag im Untergeschoss, ein massiver kleiner Steinbau mit rundlichem Dach und einer winzigen Fensteröffnung über der Tür. Sieht ein bisschen aus wie

90

eine steinerne Schutzhütte für Schäfer, wie man sie oft in Griechenland oder Anatolien findet. Genau wie die Einzelzellen im Camp de la Transportation von Saint-Laurent-du-Maroni ist auch diese seltsame Schutzhütte etwa vier Quadratmeter groß. Heute wächst daneben eine Bananenstaude und eine Morning Glory in einem alten Rohr. Ganz eindeutig haben die Franzosen im 19. Jahrhundert ihre Kolonialgefängnisse sozusagen bombensicher gebaut.

II. GUADELOUPE

„J'ai reçu le Dieu vivant. Mon cœur est plein de joie.“ Ich habe den lebendigen Gott empfangen. Mein Herz ist erfüllt von Freude. Es ist der Kommunionsspruch von Deborah, der neunjährigen *reine du jour*, der Königin des Tages, die in ihrem weißen Spitzenkleid und dem zu Zöpfchen geknüpften Haar wirklich prinzessinnenhaft aussieht. Der Spruch ist mit rosa Butterkrem auf die Kommunionstorte gespritzt, die die Form eines aufgeschlagenen Buches hat und mit Puderzuckerguss, Marzipanrosen und silbernen Liebesperlen verziert ist.

Meine Freundin Joëlle, Lehrerin wie ich, ist es eigentlich, die zur Kommunionsfeier eingeladen war, und weil ich zufällig inzwischen in Guadeloupe angekommen bin, hat sie mich mitgenommen. Joseph und Cynthia Pacquit, Deborahs Eltern, die mich noch nie gesehen haben, begrüßen mich mit unkomplizierter karibischer Herzlichkeit, als habe man nur noch auf mich gewartet. Joëlle und ich sind die einzigen Weißen auf der Party. Die Lebensweise der Pacquits ist eine faszinierende Mischung aus kreolischem, französischem und amerikanischem Stil. Von letzterem zeugen der kleine Bungalow mit

Swimming-pool dahinter und einem weißen Mäuerchen davor
– Joseph hat ein recht erfolgreiches Transportunternehmen –
und zweifellos auch die Kommunionstorte. Echt französisch
ist der das Bankett begleitende Rotwein, und nach dem Essen
fließt der Champagner aus nie versiegendem Quell. Dem afrikanischen Erbe dürfte das famose Uril-Spiel, das ich schon auf
den Kapverden kennenlernte, zuzuordnen sein; in Guadeloupe
heißt es Awélé. Ich spiele ein paar Runden mit Deborahs älte-
rem Bruder; allmählich komme ich dahinter und entwickele
ein paar eigene Strategien.

Die heitere Gastfreundschaft der Leute ist ebenso berauschend wie das Essen. Die kreolisch-französische Mischung,
ein Gratin mit Zwiebeln und Käse, aber Bananen statt der
klassischen Kartoffeln, ist für mich aber dann doch ein bisschen überraschend. Überaus luxuriös sind die Kommunions-
dragees – Mandeln, umhüllt von Zuckerguss und *vergoldet*. Ein
überaus beliebtes und erfrischendes Getränk ist *punch*, Limettensaft, weißer Rum, Ananas- oder Stachelbeersirup und viel
Eis. Eigentlich ist es ein Aperitif, aber weil es so beliebt ist,
muss es auch als Cocktail und Longdrink herhalten. Da ich
selten Alkohol trinke und in den Tropen, wo ich mich nun
schon seit etlichen Wochen am Stück aufhalte, eigentlich nie,
verläuft für mich die Kommunionsfeier in besonders fröhli-
cher Laune.

Der Rum prägte die neuzeitliche Geschichte Guadeloupes
von Anfang an. Im 17. Jahrhundert gelang den Franzosen die
Kolonisation; sie legten Kaffee- und Zuckerrohrplantagen an
und ließen sich ihre Arbeitskräfte im Rahmen des florierenden
transatlantischen Sklavenhandels aus Westafrika bringen. 1794
wurde die Sklaverei aufgehoben, doch Napoleon führte sie
wenige Jahre später wieder ein; erst 1848 wurde sie endgültig

92

abgeschafft auf Betreiben Victor Schoelchers, der in der Pariser Nationalversammlung Abgeordneter für Martinique und Guadeloupe war. Für die Plantagen wurden danach Vertragsarbeiter aus Indien angeworben. Nach wie vor ist ein großer Teil Guadeloupes bedeckt von wehenden grünen Zuckerrohrmeeren, eine Mischung aus Feld und Wäldchen. Aus dem 17. und 18. Jahrhundert übriggeblieben sind rund hundert Zuckermühlen, in denen einst unter von Ochsen angetriebenen Mahlsteinen das Zuckerrohr zerquetscht wurde. Auf Grande-Terre, dem Westflügel Guadeloupes, trifft man überall auf die malerischen Ruinen, an der Straße, am Dorfrand, in den Zuckerrohrfeldern oder einfach irgendwo in der Pampa. Es sind nach oben sich verjüngende Steinzylinder mit einer Bogentür; oft sind sie überwuchert, überwachsen, unter der Tropenvegetation halb verschwunden, aus ihren Dachöffnungen wachsen Bäumchen. Auch viele kleine Hinduschreine gibt es in Guadeloupe. Sie stehen immer auf einem Hügel und bestehen aus einer langen Stange, an der rituelle Fahnen befestigt sind, und einem Kasten mit Götterbildern.

Eine zweite typische Leckerei Guadeloupes außer *punch* ist *sorbet*, das sogar ganz ohne weißen Rum auskommt. *Sorbet*, das es in den Supermärkten nicht zu kaufen gibt, ist ein hausgemachtes, sehr weiches Milcheis mit Gewürzen – Kardamom, Zimt, Vanille. Es erinnert an indisches *khulfi*. Ebenso einzigartig wie der Geschmack sind auch die schwarzen Herstellerinnen und Verkäuferinnen. *Sorbet* wird verkauft an fliegenden oder mobilen Ständen, die hauptsächlich aus einem Sonnenschirm oder einer Schubkarre bestehen, und die altertümlichen Eisbehälter sehen aus wie aus dem vorletzten Jahrhundert übrig geblieben. Sie sind aus Holz, mit Eisenringen verstärkt und ähneln Butterfässern. Der innere Hauptbehälter ist aus

Metall mit einem Deckel, der Zwischenraum zwischen Metall- und Holzbehälter wird mit Eiswürfeln gefüllt.

Joëlle wohnt im Dörfchen Dévarieux, in dem sich Fuchs und Hase noch eifriger Gute Nacht sagen als bei mir zuhause. Ums Haus herum wuchert, von der beginnenden Regenzeit begünstigt, üppiges Grün, in dem sich ununterbrochen ein paar Ziegen den Bauch voll schlagen, um die Mückenplage erträglich zu halten. Jeden Abend sitzen wir gemütlich auf der riesigen Veranda oder schaukeln in der Hängematte, natürlich immer mit einem Glas *punch*. Joëlles Familie ist bemerkenswert. Sie selbst ist Französin aus Angoulème, ihr Ex-Mann war ein Nachkomme der westafrikanischen Sklaven. Sohn Guillaume ist Mulatte, seine Frau Saavia Inderin, und der dreijährige Enkel Raphaël also ein echter *guadeloupien*.

Dass für die Passagiere der *Nautilus* Martinique und Guadeloupe gleichzeitig in Sicht kamen, ist übrigens selbst aus einer Entfernung von ungefähr dreißig Meilen äußerst unwahrscheinlich; hier wurde der unbändige Forschungsdrang des Professors Aronnax wohl von einem Schwall Heimweh überschwappt, so dass er was verwechselt hat. Zwischen Martinique und Guadeloupe liegt nämlich noch die Insel Dominica, mit ganz besonders hoch aufragenden Bergspitzen.

Die Stabkirche Hopperstad in Vik wurde um 1130 erbaut und ist eine der ältesten Stabkirchen in Norwegen.

Vier der grandiosen Naturwunder Südamerikas im Uhrzeigersinn: Feuerland mit Ushuaia im Vordergrund (Argentinien); die Iguaçu-Fälle von der brasilianischen Seite aus; Nationalpark Torres del Paine (Chile); Perito-Moreno-Gletscher im Nationalpark Los Glaciares (Argentinien)

Auf der Spur der Nautilus *auf dem Amazonas unterwegs: Reisen in der Hängematten-Klasse an Bord der* Nélio Corrêa; *Amazonas-Dampfer in Santarém; fliegende Händler docken in voller Fahrt an der* Nélio Corrêa *an; Leben am Fluss (im Uhrzeigersinn)*

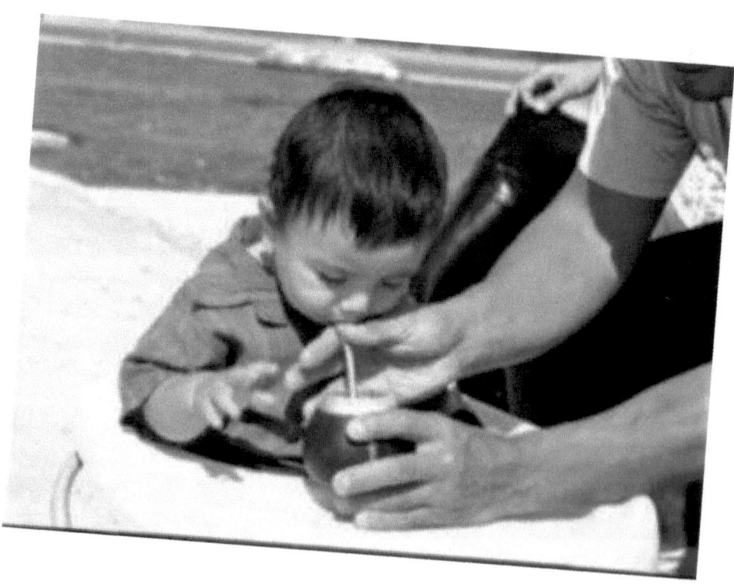

In Argentinien, Uruguay und Brasilien ist Mate nicht so sehr ein Getränk als vielmehr ein Lebensgefühl (oben) und schmeckt auch schon den Allerjüngsten (unten).

100

Straßenrestaurant in Salvador de Bahía (Brasilien)

Alle können es in Buenos Aires: Straßentango-Tänzer auf der Plaza Dorrego

South Carolina (USA): Holzarchitektur in Charleston

Koloniales Erbe auf der einstigen Zuckerinsel Guadeloupe: sorbet, ein Milcheis mit Gewürzen, hergestellt und verkauft in einem altertümlichen hölzernen Eisbehälter, ist überall beliebt (oben); eine der rund 100 ehemaligen Zuckermühlen (unten)

Auf der Spur der Nautilus *unterwegs mit einem Postboot durch die Bahamas: Postbootpassagiere (oben); ein Postboot entlädt Fracht im Hafen von Current auf Eleuthera (unten)*

Richtung Norden und dann immer geradeaus: mit dem Motorrad auf den Lofoten (Norwegen), dem letzten Ziel der Reise zu

Traditionelles Handwerk, nur auf Madeira: Korbschlitten und Korbschlittenfahrer in Funchal

Erbe der Zeiten Merlins: Keltischer Rundturm von Ardmore (Irland)

XLII. BAHAMAS

*Das nächste Festland war der Archipel der Lukayischen Inseln, die wie
ein Haufen Pflastersteine über die Wasserfläche verstreut lagen.*
(II / 18 / 557)

Warum fährt man auf die Bahamas? Eine namhafte deutsche
Reiseführerreihe listet die Top-Ten-Gründe auf, mit absteigendem Beliebtheitsgrad: 1. Strandleben 2. Tauchen
3. Schnorcheln 4. Fischen 5. Segeln 6. Golf 7. Tennis 8. Flitterwochen 9. Restaurants 10. Nachtleben. Alles eher vordergründige Reisemotive, die nach einem möglichst nicht ausgeleierten Geldbeutel verlangen. Die Immigrationskarte für Touristen, die man an der Passkontrolle ausgehändigt bekommt
und auf der man bitte ankreuzen möchte, weswegen man gekommen ist, fügt der Auswahl noch die Kategorien Kreuzfahrt, Privatflieger und Kasino hinzu. Es wird immer besser.
Auf der anderen Seite muss ich mich fragen, was ich eigentlich
erwartet hatte von einem Land, mit dem nicht nur das Stereotyp vom Urlaubsparadies assoziiert wird wie mit keinem zweiten, sondern das seit Jahrzehnten auch als Steuer"oase"
schwer gefragt ist.

Ich mache auf der Immigrationskarte mein Kreuz bei
„Sonstiges".

Auf den Bahamas setzte Christoph Kolumbus 1492 zum
ersten Mal seinen Fuß auf amerikanische Erde, sich fälschlicherweise in Indien wähnend. Professor Aronnax sichtet aus
der Tiefe die untermeerischen Klippen der *„Lukayischen Inseln";*

der Name Bahamas, der auf Kolumbus zurückgeht, war aber im 19. Jahrhundert durchaus üblich, eine Verballhornung des spanischen *baja mar* (flaches Meer). Der alte Name erinnert an das indigene Volk der Lucayan. Die Lucayan, etwa 40.000 Menschen, hatten die Bahamas seit dem 9. Jahrhundert besiedelt; ihre „Entdeckung" durch die Spanier überlebten sie nur für wenige Jahrzehnte.

Es ist kurz vor fünf, noch eine Stunde bis Sonnenaufgang. Eine Handvoll Jogger sind auf den Straßen schon unterwegs, aber kein einziges Fahrzeug. Ich bin mit dieser Sachlage ebenso zufrieden wie Beryl, meine Taxifahrerin. „In ein paar Stunden", erklärt sie, „ist hier kein Durchkommen mehr." Während der Fahrt entlang der Bay Street gibt sie mir eine Stadtführung im Schnelldurchlauf. Luxushotels aller renommierten Ketten reihen sich hier wie an einer ebensolchen auf, das älteste ist das 1900 erbaute Hilton; dazwischen das Casino. Das ist alles, was ich zu sehen bekomme von Nassau, der Hauptstadt der Bahamas, doch mein Drang nach mehr tendiert auch gegen Null.

Szenenwechsel. Er könnte krasser nicht sein. Eingeklemmt zwischen Esplanade und Paradise Island, dem als Winterrefugium von vorwiegend amerikanischen Millionären dienenden teuersten Stadtteil Nassaus, liegt Potter's Cay, das Dock. In einem Ambiente aus Kisten, Paletten und Tauen dümpeln hier ein paar Kutter und Frachter vor sich hin, die mit den Booten in den umliegenden Yachthäfen bestenfalls gemeinsam haben, dass sie schwimmen. Der Dockmeister ist noch nicht wach, aber beim dritten Versuch habe ich Glück. Die *Current Pride* wird gegen sieben Uhr auslaufen zur Insel Eleuthera, 62 Seemeilen (115 Kilometer) östlich von Nassau. Die *Current Pride* ist eines der berühmten *mail boats*, ein Postboot; vor der systematischen Bedeckung aller größeren Bahamainseln mit Regionalflughäfen stellten die Postboote die einzige Verbindung zur Hauptinsel New Providence sicher, auf der Nassau liegt. Noch etwa dreißig Postboote sind heute in den Bahamas unterwegs; außer Fracht und Post befördern sie auch Passagiere. Touristen sind normalerweise nicht darunter (und Postschiff fahren ist ja auf der Immigrationskarte auch nicht als Reisemotiv vorgesehen); die benutzen, wenn überhaupt, höchstens einmal die Schnellfähren. Mein Auftauchen löst dann auch wohlwollendes Erstaunen bei der fünfköpfigen Crew aus – drei Schwarzen und zwei Weißen –, gepaart mit einem warmen Empfang im wahrsten Sinne des Wortes, in Form von einem sehr großen, sehr starken und sehr heißen Kaffee. Der Fahrpreis beträgt 30 Dollar.

Die *Current Pride* ist ein kleiner Frachter mit ziemlich großem Laderaum, etwa 20 Meter lang. Die hölzernen Deckaufbauten sind weiß und grün gestrichen, und das Schiff würde auch auf dem Amazonas nicht besonders auffallen, außer, dass der Raum und die Haken für die Hängematten fehlen. Ein phantastischer Anblick im überteuerten Millionärsparadies Bahamas. Das Heck ist bestückt mit sieben Holzbänken, wie in einem improvisierten Kino. Kurz vor Abfahrt beginnt es zu regnen, ein etwa eine halbe Stunde andauerndes Tropengewitter. Die herunterrollbaren schweren Plastikplanen, die als Regenschutz dienen sollen, scheinen nicht sonderlich gut durchdacht. Sie lassen sich nicht ordentlich festmachen, und oben in der Nähe des Kajütendachs bilden sich Ausbuchtungen, die sich mit Regenwasser füllen, welches sich gelegentlich nach Art einer Schwallbrause entlädt – nach innen in den Passagierraum hinein.

Der erste Stopp der *Current Pride* auf Eleuthera heißt ebenfalls Current. Von einem Ort ist an dem kleinen Hafen nichts zu sehen. Inselbewohner, Privatleute und Ladenbesitzer, sind mit Pickups zur Mole gekommen, um die ersehnten Waren aus Nassau in Empfang zu nehmen. In den nächsten zweieinhalb Stunden leistet die Crew in inzwischen sengender Hitze Schwerstarbeit. Ausgeladen wird unter anderem folgendes: Autoreifen, eine Toilettenschüssel, Autobatterien, ein junger Hund, Zucker, Mehl, Nudeln, vier Türen, Plastikstühle, ein Drehstuhl, Matratzen, Getränkedosen, Getränkeflaschen, Styroporschalen, Bananen, Eier, große Mineralwasserbehälter, Zement, Blumenerde, Gasflaschen, Motorenöl, eingetopfte Zimmerpflanzen, Klopapier, Höschenwindeln, Cornflakes, Rechen, Bretter, Farbeimer, etwa siebzig Wischmopps, Dosenspaghetti, zahllose Kisten Instantnudeln, Waschmittel, Ventilatoren, Fensterscheiben, Kohl, Äpfel, Apfelsinen, Zwiebeln, Salat, Tomaten, Brokkoli, Kartoffeln, tiefgefrorene Hähnchenteile, Saft, Milch, Mangos, Thunfischdosen, ein Klappbett und frische Blaubeeren (!).

Ach ja. Ein kleines Bündel Briefe und ein Päckchen bringt der Kapitän der *Current Pride* auch mit an Land und verteilt alles persönlich.

Die Insel Eleuthera, die die Bahamas sozusagen gegen den Atlantik abriegelt, hat eine sehr seltsame Form. Sie ist 160 Kilometer lang, aber nur höchstens drei Kilometer breit, abgesehen von zwei Verdickungen an der Nord- und Südspitze. Mit ihrer gebogenen Form erinnert sie an den abgebrochenen Henkel einer Kaffeetasse. Ihren Namen erhielt Eleuthera von den ersten europäischen Siedlern, puritanischen Pilgern; das griechische Wort bedeutet Freiheit. Die Insel besteht aus sonnendurchglühtem Kalkstein, der porös und erodiert ist und nur zähe Vegetation zulässt, wie Pinien und Casuarina-Bäume. Die schroffen malerischen Klippen, die hier im Norden die Küste bilden und Eleuthera bis auf 50 Meter ansteigen lassen, sind voller Löcher und Aushöhlungen. Der Kapitän ruft mich auf die Brücke, denn wir nähern uns dem spektakulärsten Augenblick der Fahrt. Geschickt manövriert er die *Current Pride* durch eine Öffnung in den Klippen, die nur wenig breiter ist als das Schiff selbst, in den schönen Naturhafen des winzigen Ortes Hatchet Bay hinein, fast ringförmig geschlossen.

Hier steige ich aus. Doch ich muss nach Gregory Town, das etwa zehn Kilometer nordwestlich liegt. Obwohl ich an Gepäckmärsche gewöhnt bin, ist das so ziemlich das Doppelte von dem, was ich mit meinem 18 Kilo schweren Rucksack gerade noch bewältigen kann. Öffentliche Verkehrsmittel auf den Bahamas? Fehlanzeige, jedenfalls auf dem trockenen Land. Wenn man nicht ein Vermögen für Taxis hinblättern will, bleibt nur Trampen. Das klappt Gott sei Dank gut. Sinus, der mich mitnimmt, hat von der *Current Pride* seinen Wasserboiler abgeholt. Wozu braucht man auf den Bahamas einen Wasserboiler? Sinus lacht. „Im Winter ist es unter der Dusche ganz schön kalt!"

Ich bekomme immer mehr das Gefühl, dass die Bahamians selbst größtenteils ganz normale Leute sind. 85 Prozent von ihnen sind Nachfahren ehemaliger schwarzer Sklaven.

Bei Gregory Town gibt es die einzige bezahlbare Unterkunftsmöglichkeit nicht nur auf Eleuthera, sondern in den ganzen Bahamas. Das Surfer's Haven, das Tom und Liz an ihr Holzhäuschen angebaut haben, ist, wie der Name schon erahnen lässt, besonders beliebt bei Surf-Freaks, die an den herrlichen und menschenleeren Stränden im Nordosten der Insel vom Morgengrauen bis abends ihrer Leidenschaft frönen, sich nachts aber gezwungenermaßen irgendwo ein paar Stunden aufs Ohr legen müssen. Für 18 Dollar darf man sein Zelt aufbauen oder seine Hängematte aufhängen und Küche, Bad und Gemeinschaftsraum benutzen. Das Surfer's Haven liegt nicht nur drei Kilometer außerhalb von Gregory Town, sondern auch noch einen Kilometer abseits der Hauptstraße, zu erreichen über eine so übel ausgewaschene Waldschneise von einer Piste, wie sie mir auf meiner ganzen bisherigen Reise noch nicht oft begegnet ist. Alle Achtung. Und das sozusagen gleich im Hinterhof des Nassaus der Geldwäscher, Millionäre und James Bonds, der Spielhöllen, Einkaufstempel und Amüsierparks.

Da ich nicht surfe, mache ich mich auf, Eleuthera in seiner ganzen Länge zu erkunden. Per Anhalter fahren klappt tatsächlich gut. Auf der Ladefläche eines Pickups werde ich mächtig durchgeschaukelt und schmore in der Sonne. Die vier jungen Männer in einem etwas abgetakelten Van, die mich in Governor's Harbor auflesen, sind freundlich, kommen aber gerade von einer Vormittagsparty, auf der es ganz offensichtlich nicht abstinent zuging. Kurz vor Bannerman Town fahre ich mich dann mit Hughie, seiner Frau, ihrem Söhnchen und ihrem alten Jeep im Sand fest. Gott sei Dank hat Hughie immer Schaufeln und dicke Pappe dabei.

In einigen Ortschaften wie James Cistern oder Cupid's Cay gibt es noch alte Häuser, die mich an Afrika erinnern. Sie sind rechteckig und klein, mit Satteldach und bunten Fensterläden. Und sie sind alle unbewohnt, viele verfallen schon. Es gibt viele Restaurants, Snackbars und Cafés. Nirgends ist was los, den ganzen Tag nicht. Governor's Harbor, die Insel"hauptstadt", ist auch sehr friedlich und verschlafen. In einer der Snackbars – vier Holzbänke und zwei Holztische neben einer winzigen Tankstelle – esse ich einen erstaunlich guten *conch salad*: Meerschneckenfleisch, Zwiebeln, grüne Paprika und Tomaten, alles sehr fein gehackt, mit Limettensaft vermischt und pikant gewürzt. *Conch*, Meerschnecken, sind nicht nur die bevorzugte Beute der Mantarochen, sondern auch ein wesentlicher Bestandteil der typischen bahamischen Küche, vor allem als Eintopf oder eben als Salat. Eine Delikatesse für mich. Wegen der hohen Lebensmittelpreise in den Läden besteht meine Verpflegung auf Eleuthera ansonsten aus Haferbrei, Kartoffeln und Dosenbohnen.

In der Gegend um Hatchet Bay steht rund ein Dutzend Silos herum, kreisrund, etwa zehn Meter hoch, in unterschiedlichen Stadien des Verfalls oder des Überwuchses: In den 1950er Jahren wurde hier Viehzucht betrieben. Princess Cay besteht mehr oder weniger aus zahllosen hölzernen Verkaufsbuden und Restaurants. Ein paar Elektroautos stehen und ein paar Boote liegen herum, aber alles ist verriegelt und verrammelt. Ein Picknickplatz für Kreuzfahrtpassagiere ist es, aber zwischen Mai und September ist keine Saison. Auffällig sind die Friedhöfe. Die Gräber haben hohe Steinumfassungen oder sind mit Platten aus Stein oder Zement versiegelt, fast wie in der islamischen Welt. Auf einem ebenfalls aus Zement gegossenen rührenden herzförmigen Grabstein wird Arabella Gibsons gedacht, die am 9. Februar 1944 starb.

Glasklares Wasser in Blau und Türkis umgibt Eleuthera. Selbst ich muss mir eingestehen, dass das kein Klischee ist, sondern wirklich ein Traum. Die Strände sind oftmals sehr flach – *baja mar* eben – und auch der Südteil der Insel ist platt. Eleuthera ist sonnenverblichen und durchlöchert wie ein Schweizer Käse, rechts und links neben der Hauptstraße sind überall flache Teiche oder Wasserlöcher. Das größte ist das

Naturwunder Blue Hole, ein kleiner See mitten auf der Insel von sagenhaften zweihundert Metern Tiefe, aber gefüllt mit Meerwasser. Das Blue Hole muss also eine Verbindung zum Ozean haben, die aber bisher noch niemand gefunden hat, angeblich nicht einmal Jacques Cousteau. Ein ganz heißer Kandidat für die Entdeckung wäre aber Kapitän Nemo gewesen – wenn der doch bloß nicht so ungesellig gewesen wäre, so dass man ihn hätte fragen können. Die *Nautilus* passiert die „Lukayischen Inseln" unter Wasser in ziemlich großer Tiefe, und Professor Aronnax bemerkt *„senkrechte Wände aus verwitterten Steinblöcken, die auf einem breiten Fundament ruhten und zwischen denen schwarze Löcher klafften, die unsere elektrischen Strahlen nicht gänzlich auszuloten vermochten"* (II/18/557). Ob da wohl auch der untermeerische Verbindungsgang zum Blue Hole dabei war?

Vermutlich schon von Natur aus etwas verschroben, zeigt Professor Aronnax leicht neurotische Reaktionen, je weiter die Reise fortschreitet. Wen will es wundern? Als die *Nautilus* die Bahamas passiert, lebt er seit fast einem halben Jahr in dieser Riesenzigarre aus Metall, zumeist in gesiebter Luft und künstlichem Licht, umgeben von Fischen, Mollusken und einer Handvoll Männern. Ein halbes Dutzend Mal ist er schon knapp dem Tod entronnen, und auch das immer aufdringlichere Wissen um eine ungewisse Zukunft mag ihn für kurze Zeit vergessen haben lassen, dass er als Muttersprache die poetischste aller Sprachen spricht. Die etwa siebenhundert „Lukayischen Inseln" bezeichnet er, sehr unpoetisch, als einen *„Haufen Pflastersteine über die Wasserfläche verstreut".* Nun, unter den gegebenen Umständen sei ihm verziehen. Ein Anderer hat die Poesie hundert Jahre später für ihn nachgeholt.

There's another island   (Es gibt eine Insel
A days' run away from here   Eine Tagesreise von hier
Empty and free   Menschenleer und frei
From here to Venezuela   Von hier bis Venezuela
Nothing more to see   Ist nichts zu sehen
Than a hundred thousand islands Als hunderttausend Inseln
Flung like jewels upon the sea Wie Juwelen auf die See ge-
                              streut)

(David Crosby: *The Lee Shore*)

XLIII. USA

In diesem Augenblick betrug die Geschwindigkeit des Golfstroms zwei Meter fünfundzwanzig pro Sekunde. Seine Strömung unterscheidet sich so sehr von der des ihn umgebenden Meeres, dass seine komprimierten Wasser gegenüber dem Ozean hervorragen und somit zwischen ihnen und dem Kaltwasser eine Ungleichheit besteht. Dunkel und sehr reich an salzhaltigen Substanzen, heben sie sich in sattem Indigo von den grünen Fluten ringsum ab. Die Trennlinie zwischen beiden ist so scharf ausgeprägt, dass die Nautilus auf der Höhe von North und South Carolina mit ihrem Rammsporn in die Wasser des Golfstroms hineinragte, während ihre Schraube noch die des Ozeans durchpflügte.
(II/19/574)
Am 8. Mai lagen wir noch dwars vor Kap Hatteras, auf Höhe von North Carolina.
(II/19/575)
Der Sturm brach im Verlauf des 18. Mai los, gerade als die Nautilus die Höhe von Long Island passierte, einige Meilen vor der Fahrrinne New Yorks.
(II/19/581)

Die Sonne klettert als riesige glühende Apfelsine langsam zwischen den Bäumen und erhitzt den frühen Südmorgen nach einer kaum abgekühlten Nacht. Allmählich sammeln sich Fahrgäste aller möglicher Hautfarben vor dem kleinen Greyhound-Busbahnhof in Charleston, South Carolina. Zwischen Wildfremden entspinnen sich intensive Gespräche über Ehe, Politik, Religion, Basketball und Gartenbau. Die Auskunft, dass ich aus Germany komme, ruft Interesse und mildes Erstaunen hervor. Nichtmotorisierte Rucksacktouristen, noch dazu ausländische, sind selten hier in der Autonation. Da ich von so weit herkomme – wenn auch nicht gerade jetzt im Augenblick –, kramen mehrere der wartenden Passagiere spontan in ihren braunen Papiertüten mit Reiseproviant und bieten mir Sandwichs an. Ich sehe wohl so aus, als könne ich sie brauchen, anscheinend mit meinem angegrauten Jungenhaarschnitt und meinem Marschgepäck aber auch *tough* genug: Jemand fragt mich, ob ich Soldatin sei. Ich fasse die Frage als Kompliment auf; Greyhound wird hierzulande offensichtlich als ein Fall für die Marines angesehen. Da bis zur Abfahrt noch reichlich Zeit ist, marschieren meine potentiellen Reisekameraden nach und nach in einer Art menschlicher Ameisenstraße zur gegenüber liegenden Tankstelle. Ich schließe mich ihnen an. In den amerikanischen Tankstellenshops steht den ganzen Tag Kaffee bereit, leidlich frisch. Der kleinste Pappbecher, der immer noch Kännchengröße hat, kostet einen Dollar.

Gestartet habe ich mein amerikanisches Greyhound-Abenteuer im Mittleren Westen, in St. Louis, Missouri. Das gesamte östliche Drittel der USA ist landschaftlich zumeist flach und eintönig. Die Städte fangen immer schon mindesten 20 Kilometer vor der eigentlichen Stadtgrenze an – das Land ist mit überdimensionierten Einkaufszentren bedeckt. McDonalds ragt überall heraus, im wahrsten Sinne des Wortes, mit seinem aufdringlichen gebogenen gelben M auf einem hohen Mast. Ich sehe aber auch prachtvolle Sommermohnfelder, nicht nur in Rot, sondern auch mit allen erdenklichen Schattierungen von Rosa; die Mittelstreifen auf manchen Autostraßen sind dicht bepflanzt mit gelben Fresien.

Meine erste und bisher einzige USA-Erfahrung beschränkt sich auf St. Louis, Missouri, im Jahre 1979 – fast zwei Leben ist das nun her. Ich war für drei Wochen zum Schüleraustausch bei Jean und Aurelius Henke mit ihren fünf Kindern. Meine Gasteltern sind inzwischen über 80, die Familie ist mit Schwiegerkindern und Enkeln auf 26 Personen angewachsen. Aus meiner Austauschfreundin Beth Henke ist Elizabeth Osterman geworden, mit selbst drei Kindern, Mann und Hund. Sie wohnt in Chesterfield, das zur riesigen Verstädterungszone von St. Louis gehört, die dem Ruhrpott ähnelt. Ihr Wohnviertel haut einen aus den Socken. Nur Riesenhäuser, fast schon Residenzen, die Eingänge sind mit hohen Backsteinbögen oder korinthischen Säulen versehen – die Besitzer müssen Fans von gotischen Kathedralen und griechischen Tempeln sein. Mein eigenes Häuschen in einem Dorf in Osthessen kommt mir dagegen wie eine Hundehütte vor. Typische Amerikaner?

Aber wie sind die überhaupt, die typischen Amerikaner? Meine Gasteltern wohnen in einem Vorort im Norden von St. Louis, der 1950, als sie heirateten, noch ein neuangelegtes Dorf war, „ohne Straßen, aber es führte eine Straßenbahnlinie hierher." Ihr Haus ist ein museales Holzhaus, an der Küchenwand hängen die Erinnerungen aus 60 Jahren. Ein Wohnzimmer, in das man von der Straße her direkt hineinkommt, und vier Schlafzimmer – auch nicht übermäßig groß für eine einst siebenköpfige Familie. Ich bringe die Statistik an, nach der jeder Amerikaner während seines Lebens im Schnitt drei Häuser kauft. Davon haben Jean und Aurelius noch nie etwas gehört. Seit wann wohnen sie jetzt in ihrem Haus? „Seit 1954." Matthew, der jüngste Sohn, der in dritter Ehe verheiratet ist, hat inzwischen allerdings das neunte Haus. „Solche Leute wie Matt sind es wahrscheinlich, die die Statistik versauen," schmunzelt Dad Aurelius.

Und was ist typisch amerikanisches Essen? Henkes sind keine Fans des großen gelben M und seiner Ableger. Sicher auch nicht gesundheitsfördernd, dafür aber unwiderstehlich sind die amerikanischen Süßigkeiten, vor allem die Pies – wörtlich: Pasteten, aber eigentlich unübersetzbar. In einer dünnen knusprigen Mürbteigkruste werden üppige Füllungen gebacken, deren Variationen keine Grenzen gesetzt sind. Es sind eher Desserts als Kuchen. Während meines Schüleraustauschs hatten Beth und ich eigentlich jeden Tag irgend etwas gebacken. Und so widmen wir einen Nachmittag der Erinnerung an alte Zeiten und beglücken einen Teil der Großfamilie mit Lieblingsrezepten: Pumpkin Pie mit einer Füllung aus süßem, gewürzten Kürbismus – schade, dass in Deutschland Kürbis so stiefmütterlich und phantasielos behandelt wird; Pecan Pie mit einer Sirup-Eier-Füllung und belegt mit den herrlichen, attraktiven Pecannüssen; und der Renner, Lemon Meringue Pie, mit dicker fruchtiger selbstgemachter Zitronencreme und einem Baiserbelag. Natürlich dürfen auch die Chocolate Chip Cookies nicht fehlen, mit verschwenderisch vielen Stückchen dunkler Schokolade, braunem Zucker und etwas Salz. Sie sind handtellergroß, weich und knusprig zugleich.

Kaffee jedoch kann man hier in den USA immer noch nicht kochen, auch wenn frühmorgens gefühlt die ganze Nation mit einem To-Go-Pappbecher aus irgendeinem Laden oder einer Tankstelle herumläuft. Die unvergleichliche Marianne Sägebrecht traf im Kultfilm *Out of Rosenheim* den Nagel auf den Kopf, als sie das ihr im Bagdad Cafe angebotene Getränk angeekelt mit den Worten kommentierte: *„Das ist kein Kaffee, das ist braunes Wasser."*

The Deep South, der tiefe Süden der USA, fängt ungefähr auf dem 35. Breitengrad an, also auf der Höhe von Kreta. South Carolina ist nicht nur einer der dreizehn Gründerstaaten, sondern nahm auch unter diesen immer den ersten Rang ein: 1778 war South Carolina die erste Provinz, die die Articles of Confederation ratifizierte, den Vorläufer der amerikanischen Verfassung – und war 82 Jahre später, am Vorabend des Sezessionskrieges, auch die erste, die wieder aus der Union austrat. Hauptstadt war damals Charleston (ja, auch der berühmte Tanz kommt von hier!), das als Methusalem unter den amerikanischen Städten gilt – 1670 gegründet, auch wenn das einem europäischen Kulturchauvinisten höchstens ein müdes Lächeln abringt. Charleston hat eher das Flair einer Kleinstadt, trotz seiner 120.000 Einwohner – was ist das schon in Amerika? –, und wurde wunderbarerweise im Sezessionskrieg nicht niedergebrannt, so dass der historische Stadtkern mit über zweitausend Gebäuden aus dem 18. und frühen 19. Jahrhundert erhalten blieb. Am besten gefallen mir allerdings die Wohnviertel im Norden der Stadt, da, wo Downtown schon fast zu Ende ist. Hier stehen Straßenreihen voller wunderschöner und gar nicht bombastischer Holzhäuser in allen Farben, zwei oder zweieinhalb aufgesetzte Stockwerke mit Mansardenfenstern und Veranden in jedem Stock, oft mit schönen Holzborten und gedrechselten Holzpfeilern. Ein malerischer und ungewöhnlicher Anblick sind die schwarzen Frauen, die in der Altstadt an fliegenden Ständen Handarbeiten aus Stroh verkaufen. Deep South.

Die Küste von North Carolina wird zum Atlantik hin von den Outer Banks abgeriegelt, einer Kette von Inseln, eher Sandbänken, die über dreihundert Kilometer fast nahtlos ineinander übergehen, wobei die Breite manchmal nur absurde zweihundert Meter erreicht. Also ein dreihundert Kilometer langer, vom Festland losgelöster Sandstrand. Cape Hatteras ist der östlichste Punkt der Outer Banks, die hier fast im rechten Winkel nach Südwesten abknicken. In den Dünen bei Kitty Hawk absolvierten die Gebrüder Wright am 17. Dezember 1903 ihre ersten Flüge. Die Outer Banks enden an der hölzernen Strandpromenade von Virginia Beach, und wenn die Gebrüder Wright heute, ein gutes Jahrhundert später, dort entlanglaufen könnten, würden sie sicher Bauklötze staunen darüber, was sie angerichtet haben, sozusagen. Starfighter malträtieren Einwohner und Touristen tagein, tagaus mit Überschallkrach: Nur eine halbe Greyhound-Stunde entfernt liegt Norfolk mit der größten Marinebasis der Welt. Die US Navy rückte kurz nach den Gebrüdern Wright an, 1907, und schon zehn Jahre später gab es hier ein Flugfeld. Heute ist die Basis Heimathafen für fünf Flugzeugträger und über 130 Flugzeuge. Pro Jahr gibt es mehr als 100.000 (!) Starts – statistisch gesehen durchschnittlich 275 pro Tag, oder alle sechs Minuten einen.

Das Zeitalter der Entdeckungen ist noch längst nicht vorbei. Erst 1985 entdeckte das Alter Ego von Indiana Jones, Harrison Ford in der Rolle eines Polizisten, einen bis dahin unbekannten Stamm, oder vielmehr eine amerikanische Subkultur, für den Rest der Menschheit. Die Geschichte beginnt schon drei Jahrhunderte zuvor, als sich innerhalb der christlich-reformatorischen Religionsgemeinschaft der Mennoniten die erzkonservative Gemeinde des Schweizer Ältesten Jakob Ammann formierte. Die „ammannschen Leute" stammten hauptsächlich aus Südwestdeutschland, dem Elsass und den deutschsprachigen Gebieten der Schweiz; im 18. Jahrhundert wanderten die meisten nach Pennsylvania aus, um als Bauern in Ruhe, Frieden und Isolation zu leben. Kennzeichnend für die Amish, wie sie nun genannt werden, sind ein Leben in Demut, ihr unbedingter Pazifismus und die Ablehnung vieler Errungenschaften des sogenannten technischen Fortschritts, wie etwa Elektrizität oder Autos. Der Oscar-prämierte Spielfilm *Witness* (*Der einzige Zeuge*) mit Harrison Ford in der Hauptrolle ist kein Film über das Leben der Amish, obwohl er größtenteils auf einer Amish-Farm in Pennsylvania spielt, sondern ein „Thriller", in dem eine archaische Welt des inneren Friedens und eines absoluten Zusammengehörigkeitsgefühls einerseits und die „moderne" Welt des ausgehenden 20. Jahrhunderts andererseits, wobei die letztere außer Gewalt, Brutalität und Korruption nicht viel zu bieten zu haben scheint, so hart aufeinanderprallen, dass man am Ende des Films am liebsten sofort einer Amish-Gemeinde beitreten möchte. (Ein „Film über das Leben der Amish" ist dabei sowieso ein Unding, da die Amish das Fotografiertwerden als nicht mit den Prinzipien der Demut vereinbar ablehnen; auch in *Witness* spielen also keine echten Amish mit.) Meine Vorstellung der Amish-Welt besteht aus wogenden Getreidemeeren, dazwischen große weiße Farmhäuser, Scheunen und turmhohe Silos. Dunkel gekleidete Menschen, die Männer bärtig und mit schwarzem Hut, die Frauen mit einem weißen Häubchen auf dem Hinterkopf, fahren in kastenförmigen schwarzen Pferdekutschen. Ihre Gewaltlosigkeit geht so weit, dass sie sich nicht einmal wehren, wenn sie angegriffen werden; ihr Gemeindeleben wird von Güte und selbstloser Hilfsbereitschaft bestimmt. Doch ist es andererseits auch unmöglich, in dieser kleinen, abgeschlossenen religiösen Gemeinschaft irgendwelche „Privatangelegenheiten" zu haben; die ständige Kontrolle des Einzelnen durch die Gemeinde auf eine angemessene Lebensführung kann durchaus diktatorische Züge annehmen. Es herrscht Geschlechtertrennung und strenge Rollenverteilung, wobei den Frauen Hausarbeit, Handarbeit und Kinderversorgung zukommen. Und die harte Landarbeit ist besonders schwer, denn es fehlen ja natürlich Hilfsmittel wie etwa Mähdrescher oder Melkmaschinen.

Das Reich der Amish, Pennsylvania Dutch Country, erstreckt sich über die ländlichen Gebiete im Norden und Osten der kleinen Stadt Lancaster. Das Wort *Dutch*, die verballhornte Form von Deutsch, bedeutet hier genau dieses; im Übrigen werden damit im englischen Sprachraum ja die Holländer bezeichnet. Das Land, intensiv genutzt, ist flach und hügellos. Ein geschlossenes Siedlungsgebiet ist es nicht, die Höfe der Amish liegen zwischen denen von Mennoniten und „Amerikanern". Aber sie sind zahlreich in dieser Gegend, etwa 25.000 Menschen, und die Streusiedlungen, bei denen nie ein wirklicher Ortskern auszumachen ist, haben Namen wie Strasburg, Manheim, Knauertown. Meinem ersten echten Amish-Mann stehe ich in einem Antiquitätenladen in Bird-in-Hand gegenüber. Die Menschen, denen ich in den folgenden Tagen begegne, sind tatsächlich Leute wie aus dem Bilderbuch oder vielmehr wie aus dem bewussten Film. Die Frauen tragen wadenlange, recht schwere Kleider in verschiedenen Farben, alle gedeckt – Dunkelgrün und Dunkelblau herrschen vor –, schwarze Schürzen und die filigranleichten weißen Häubchen mit den losen Bändern, dazu feste Schuhe, oft Turnschuhe. Die Männer sind mit kurzärmeligen Hemden aus demselben schweren Stoff bekleidet, schwarzen Hosen mit Hosenträgern und einem Strohhut mit schwarzem Hutband. Und sie haben lange Bärte. Die Kinder laufen oft barfuß, wobei die Jungen gekleidet sind wie die Männer, mit Ausnahme der Bärte. Die

Mädchen tragen langärmelige Blusen und schwarze Überkleider oder Kleidchen in dunklen Farben. Vor allem den Kleinsten sind sie oft zu groß, woraus man schließen kann, dass sie von Schwester zu Schwester weitergereicht werden. Auch an dem, was so alles auf den Wäscheleinen hängt, kann man sehen, dass die Familien mitgliederstark sind. Auf den Feldern helfen alle mit, auch die Kinder. Gearbeitet wird in Handarbeit, gepflügt mit dem Vierergespann, die Rasenmäher sind mechanisch. Die Amish sind tüchtige Arbeiter und erfolgreiche Geschäftsleute und leben nicht mehr ausschließlich von der Landwirtschaft, auch wenn diese ihr erstes Standbein bleibt. Die Produkte und Märkte der Amish sind berühmt. Angebaut werden Mais, Tomaten, Wassermelonen, Kohl, Brokkoli, Kürbis, Paprikaschoten, Zwiebeln; an den Marktständen werden Marmelade, Honig, Trockenfrüchte und Eingemachtes angeboten. Viele Farmen haben einen angeschlossenen kleinen Laden, in dem sie Fleisch, Milchprodukte und Eier verkaufen. Frauen bieten die kostbaren Quilts an, aufwändig bestickte Steppdecken und Kissenbezüge.

Die Amish arbeiten auch als Zimmerleute und Maurer und haben Bäckereien. Als passionierter Pie-Fan probiere ich natürlich den berühmten Shoo-Fly-Pie, mit einer Füllung aus Melasse und dickem Streuselbelag. Dieser traditionelle Pie braucht nicht gekühlt zu werden – ein nicht unwesentlicher Faktor für Leute, die in den stickig-drückenden Pennsylvaniasommern ohne Kühlschrank leben. Für meinen Geschmack ist dieses Rezept allerdings zu schwer und zu süß.

In ihren Geschäften nutzen die Amish übrigens Elektrizität, hauptsächlich eben für Kühlschränke, und sogar Mobiltelefone.

Eine besondere Attraktion sind die überdachten Brücken, die zu den wenigen historischen Sehenswürdigkeiten der USA gehören. Die Suche nach ihnen führt zu den abgelegensten Winkeln von Pennsylvania Dutch Country, wo es vierzehn oder fünfzehn Stück gibt. Die meisten wurden zwischen 1820 und 1900 gebaut. Einige von ihnen werden nach wie vor benutzt, andere stehen seltsam verloren in der Gegend herum, weil die Straßen, die sie einst über Flüsschen führten, längst woanders verlaufen. Von unterschiedlicher Länge, sind sie aus Holz gebaut, stehen auf einem Steinsockel und erinnern mich oft an Zollhäuschen.

Natürlich waren die überdachten Brücken ursprünglich nicht für Autos ausgelegt, sondern für Buggys, die traditionellen Allwettergefährte der Amish, gezogen von einem Pferd. Die Buggys sind schwarze Kisten auf vier riesigen Kutschenrädern und bieten beengten Platz für vier Passagiere. Also ungefähr wie ein Trabbi. Die Ehrfurcht gebietenden riesenhohen runden Getreidespeicher ragen überall wie Türme aus der Landschaft. Eine Art Déjà-Vu-Erlebnis für mich. In genau so einem machte Harrison Ford damals einen Mörder mit ein paar Zentnern Mais fertig. Die Filmfarm in der Nähe eines Ortes mit dem eindrücklichen Namen Intercourse ist zu besichtigen. Im Übrigen fällt es mir trotz meiner Liebe zu Schnappschüssen nicht für eine Sekunde ein, das strenge Fotografierverbot zu missachten. Eine Frage beschäftigt mich noch aus beruflichen Gründen: Wie ist das eigentlich mit der Schule? Amishkinder besuchen keine öffentlichen Bildungseinrichtungen, erklärt man mir, sondern Privatschulen mit einer einzigen integrierten Klasse, für die die Gemeinden aufkommen. Außerdem erfahre ich, dass manches Technische nach sorgfältiger Überlegung durchaus beschränkt akzeptiert wird. So ist zwar der Besitz „schneller" Verkehrsmittel verpönt, nicht aber deren Benutzung. Manche Neuerungen allerdings, die als sinnlos oder gefährlich erscheinen, werden von vornherein abgelehnt. Zum Beispiel Fernsehen. Ich beglückwünsche die Amish innerlich zu diesem Entschluss. Ein mutiger Schritt, wie überhaupt der Versuch, in der Welt des großen gelben M zu überleben.

PLANET NEW YORK

Achthundert Sprachen werden in New York angeblich gesprochen. Die beiden ersten im Multikulti waren Lenape und Holländisch. Und dass New York einmal zum wichtigsten Finanzzentrum der Erde aufsteigen sollte, das den Rest der Welt durchaus gelegentlich das Fürchten lehrt, zeichnete sich irgendwie schon in den bizarren Wirren um seine Gründung ab. 1614 entstand auf dem Areal des heutigen Battery Park an der Südspitze Manhattans ein kleiner holländischer Handelsposten mit einem Fort. Zwölf Jahre später schwatzte der Kaufmann Peter Minuit dem Manahatta-Clan der Leni-Lenape-Indianer ihre Insel für einen Betrag ab, der nach heutiger Kaufkraft etwa tausend Dollar entspricht – der Clan, der anscheinend schwer übers Ohr gehauen wurde, sah zumindest seinen Namen verewigt. Der Handelsposten hieß nun Nieuw Amsterdam – Amsterdam war zu jener Zeit der größte Finanzplatz der Alten Welt. Die Holländer hatten an ihrem vorteilhaften Immobiliengeschäft nur Freude bis zum Frieden von Breda 1667, als sie Nieuw Amsterdam, das fortan New York hieß, nach einem Seekrieg an England abtraten – im

126

Austausch gegen deren Kolonie Willoughbyland, das heutige Surinam (vgl. Kap. XXXIX). Ab 1886 war für Millionen Neuankömmlinge das Erste, was sie vom Gelobten Land sahen, die Freiheitsstatue vor der Einwandererzentrale auf Ellis Island. In den 1920er Jahren wurde New York die bevölkerungsreichste Stadt der Welt; in den 1930er Jahren wurde die Zehn-Millionen-Marke zur ersten Megacity überschritten. New York ist Sitz der Vereinten Nationen, hat etwa 150 Theater, rund 700 Museen und Kunstgalerien, eine unüberschaubare Anzahl von Restaurants und wird jedes Jahr von sagenhaften 40 Millionen Touristen überschwemmt.

Ein paar Tage lang schwemme ich mit. Wohin, dabei hat man wirklich nur die Qual der Wahl. Ich fange an mit Schlangestehen vor, in und auf dem Empire State Building, das nach den Anschlägen vom 11. September wieder das höchste Gebäude New Yorks ist. Es dauert anderthalb Stunden, bis ich die Aussichtsplattform im 86. Stock erreiche – man merkt die 40 Millionen Touristen. Schlangestehen ist auch vor dem Museum of Modern Art angesagt, das für mich die heilige Pilgerstätte der modernen Malerei ist. Jeden Freitag von 16 bis 20 Uhr ist freier Eintritt im MoMA, doch wenn man zu den Glücklichen gehören will, die eine Freikarte ergattern, sollte man schon ein paar Stunden vorher da sein und draußen anstehen. Es ist ein erhabener Augenblick, vor dem *Selbstbildnis mit abgeschnittenem Haar* von Frida Kahlo und der *Beständigkeit der Erinnerung* von Salvador Dalí zu stehen, die man schon gefühlte fünftausend Mal abgedruckt in irgendwelchen Enzyklopädien gesehen hat. Ein Stück Enttäuschung des ignoranten Betrachters schwingt aber auch mit, denn die beiden großen Werke haben kleines Format, nur etwa DIN-A-4. Auch die Einwandererperspektive verschaffe ich mir. Vom Battery Park, wo einst Fort Amsterdam stand, fahre ich mit der kostenlosen Pendlerfähre nach Staten Island hinüber, vorbei an der Freiheitsstatue, die einst die Einfahrt zum Suezkanal hatte bewachen sollen (vgl. Kap. XXIII).

Achthundert Sprachen. Sie scheinen sich zu verwischen. Chinatown ist aber wirklich Chinatown, und man merkt auch, dass man sich ihm nähert. Ein kleiner Park ist voll mit alten Männern und auch ein paar älteren Frauen, die mit den langen, schmalen chinesischen Karten spielen oder chinesische Zeitungen lesen. Es gibt chinesische Leuchtreklame und Läden mit einem Angebot chinesischer Süßigkeiten. Chinatown ist nur klein, Little Italy aber gar nicht mehr vorhanden und im übrigen Touristennepp. Die rot-weiß-grün angestrichenen Hydranten wirken albern, die Restaurants werden von den angrenzenden Chinesen gemanagt.

The Dakota ist ein luxuriöses siebenstöckiges Apartmenthaus, das Ende des 19. Jahrhunderts in der Upper West Side für die New Yorker High Society gebaut wurde und heute zwergenhaft verloren wirkt neben den sandfarbenen Wohnblockkolossen aus einem stalinistischen Albtraum, die sich die 72. und 73. Straße entlangstrecken. Exklusiv ist es immer geblieben; John Lennon wohnte hier seit 1973, und im Eingang des Dakota wurde er am 8. Dezember 1980 auch ermordet. Ein großes Areal des Central Park genau gegenüber dem Dakota wurde fünf Jahre später von Landschaftsgärtnern und Künstlern zur Gedenkstätte Strawberry Fields gestaltet. Mein Versuch, den Central Park zu durchwandern, scheitert an der Unbedarftheit (Dummheit?) eines Touristen aus der osthessischen Provinz, der sich im Großstadtdschungel verlaufen hat. Was die New Yorker mit dem harmlosen Begriff „Park" belegt haben, ist dreieinhalb Quadratkilometer groß und hat eine

Ausdehnung, die der Entfernung von mir zuhause entlang der Landstraße ins übernächste Dorf entspricht. Aber nur ein wirklicher Spaziergang ist es von der Südostecke des Central Park zur Lexington Avenue 731. Hier erhebt sich 55 Stockwerke oder 246 Meter in Glas das Imperium von Michael Bloomberg. New Yorks ehemaliger (2002-2013) Bürgermeister erhielt von der Stadt nur ein symbolisches Jahresgehalt von einem Dollar, aber zu darben brauchte er nie. Seine Finanzdatenagentur Bloomberg L.P. sowie sein Radio- und Fernsehsender haben ihm bisher ein geschätztes Vermögen von 27 Milliarden Dollar eingebracht. Michael Bloomberg gilt als Philanthrop und Mäzen; die 4.000 seiner weltweit 13.000 Angestellten, die im „Hufeisen" des Bloomberg Tower arbeiten, bekommen von dem Luxus einiges ab. Zur Bürohausverschönerung gibt es Aquarien mit Koi-Karpfen und Stücken von echten Riffen, frische Blumen in verschwenderischen Mengen und viele Objekte moderner Kunst, die aber nutzbar sind, zum Beispiel Sitzgelegenheiten oder Beleuchtung. Auf mehreren Etagen stehen rund um die Uhr gratis erstklassige Snacks bereit, an denen sich auch Besucher wie ich bedienen dürfen. Das oberste Stockwerk des Bloomberg Tower wird von Beyoncé bewohnt.

Am Ground Zero entsteht das neue One World Trade Center und wirkt mit all den Baukränen im Spätnachmittagssonnenlicht ganz futuristisch. Die New Yorker Börse sieht von außen aus wie ein griechischer Tempel (bis heute in den USA ja eine beliebte Gestaltungsform auch für Privathäuser, wenn ich an St. Louis zurückdenke); die sechs korinthischen Säulen, die das Oberteil der Fassade bilden, sind mit einer gigantischen Stars and Stripes abgehängt. Das Stück Wall Street um Börse und Dreifaltigkeitskirche herum ist New Yorks einzige Fußgängerzone – aus Furcht vor Autobomben. Der Name von Harlem, das den größten Teil von Manhattan nördlich des Central Park einnimmt, erinnert noch an die Holländer, und bis vor 20 Jahren war er mehr oder weniger gleichbedeutend mit Ghetto und Slum. Heute ist Harlem, das aus den charakteristischen Backsteinhäusern mit den ebenso charakteristischen Feuerleitern besteht, vielleicht nicht die feinste und sauberste Gegend, aber keinesfalls unangenehm. Die im Tudorstil errichtete Abyssinian Baptist Church in der West 138th Street würde überall sonst deplaziert erscheinen, aber nicht hier in New York, wo alles möglich ist. Die Kleidervorschrift für den Sonntagsgottesdienst ist streng. Shorts, T-Shirts und Schuhe mit offener Ferse sind nicht erlaubt; die durch das Verbot der letzteren entstandene Marktlücke wissen weitere findige Bewohner von Chinatown clever zu füllen: An improvisierten Miniverkaufsständen bieten sie billige Ballerinaschuhe in Grellblau und Quietschrosa an. Als ich den berühmten Gospelchor der Abyssinian Baptist Church höre, begleitet von Klavier, Gitarre und Tamburin, fühle ich mich direkt in Sister Act hineinkatapultiert, auch wenn das Alter der zumeist weiblichen Chormitglieder nicht ganz passt; die stattliche Dirigentin in sattlila Robe trägt das ihrige zur Atmosphäre bei.

Ein Tag in New York ist auslaugender als hundert Kilometer radeln. Jeden Abend besteige ich todmüde die U-Bahn Richtung Long Island. Noch so eine Megaeinrichtung. 1904 wurde sie eröffnet; mit 27 Linien und 476 Stationen tut sie jetzt auf einem Streckennetz von vierhundert Kilometern ihren Dienst – rund um die Uhr, weil New York ja nie schläft. Das Küchenfenster meiner Freunde in Brooklyn schaut auf einen winzigen gefliesten Innenhof hinaus, der ganz von Bäumen und Büschen umgeben ist; auf dem Hof stehen ein

Plastiktisch, ein paar Stühle, eine Liege, ein Sonnenschirm.
Wie auf einem anderen Stern.

XLIV. KANADA

*Der Grund dieser Gewässer bot denn auch den Anblick eines Schlacht-
feldes, auf dem noch immer all diese Besiegten des Ozeans ruhten; ... Wie
viele Schiffe waren darunter, die mit Mann und Maus, mit ihrer Mann-
schaft, ganzen Auswandererheeren, an jenen Stellen untergegangen waren,
die die Statistiken als gefährlich ausweisen: am Kap Race, vor der Insel
Saint-Paul, in der Meerenge von Belle-Île, vor der Mündung des Sankt-
Lorenz-Stromes!*
(II/20/587)
[Die Nautilus*] stieß ungefähr bis zum zweiundvierzigsten Breitengrad
vor. Auf dieser Höhe von Saint John vor Neufundland und Heart's
Content endete das Transatlantische Kabel.*
(II/20/590)

Das Panorama ist atemberaubend. Eine sattgrüne Wiese fällt
steil zu den Klippen hin ab und wird begrenzt von dichten,
nicht sehr hohen Fichten. Schaumbekrönte Wellen schlagen
mit ungebändigter Kraft gegen die zerklüfteten Felsnasen von
Muddering Gulch und Red Head, die sich jenseits der Bucht
von Flatrock Harbour, in die der kleine Weißwasserfluss Pic-
co's Brook mündet, in den Atlantik schieben. Der Ausblick
wäre noch großartiger, wenn man mehr sehen könnte, doch
heftige Böen peitschen einen Regenvorhang über das Land
und neblige Diesigkeit verschleiert die Kaps. Es ist kalt, etwa
acht Grad. Ein klassischer Oktobertag. Nur leider ist nicht
Oktober, sondern Juni, wenige Tage vor Mittsommer.

Ich bin auf der Halbinsel Avalon, die die Form eines etwas
auseinandergezogenen Seesternes hat und mit einem Zacken

gerade noch an Neufundlands zerrissener Ostküste dranhängt. Gott sei Dank muss ich nicht im Zelt sein und auch nicht draußen. Ich mache es mir in der Wohnküche meiner Freundin Laura gemütlich, der Witwe des kanadischen Sachbuchautors Lawrence Jackson, und genieße vom Ausblick, was eben so zu sehen ist; wir schlürfen Pfefferminztee und heiße Gemüsesuppe, was auch nicht recht zum Juni passen will. Am frühen Nachmittag zieht Nebel in der Bucht auf; er ist von der Sorte, die einen schon nach verhältnismäßig kurzer Zeit vergessen lässt, dass es auf der Welt auch noch Farben gibt.

Montreal liegt am Sankt-Lorenz-Strom, der sich aus dem Ontariosee nach Nordosten in Richtung Arktis stürzt. Anfang des 17. Jahrhunderts wurde es als Handelsposten für Pelze an der Stelle eines ehemaligen befestigten Irokesendorfes gegründet und ist heute mit 1,6 Millionen Einwohnern Kanadas zweitgrößte Stadt. Die ehemaligen Docks am alten Hafen sind nicht mehr im Gebrauch, jedenfalls nicht in ihrem ursprünglichen; im früheren King-Edward-Dock befindet sich heute das Wissenschaftszentrum. Hier treffe ich auf einen alten Bekannten. National Geographic präsentiert seine Ausstellung *Indiana Jones und das Abenteuer der Archäologie*. Ich habe Indiana Jones, den absoluten Helden meiner jüngeren Jahre, in Erinnerung als den Mann, der auf seinen Reisen von allen erdenklichen und unerdenklichen Verkehrsmitteln Gebrauch machte. Unter anderem reiste er auch, angeseilt an das Periskop, als blinder Passagier eines Unterseebootes (das zu seinem und des Kinobesuchers Glück nicht auf Tauchstation ging) – die *Nautilus* war es zwar nicht, aber immerhin, ein Unterseeboot. Ich reise etwas komfortabler und auch nicht ganz so feucht, aber auf dem langen mühseligen Weg nach Neufundland fühle ich mich irgendwann genauso tapfer wie Indiana Jones und eines Vergleichs beinahe würdig.

Der Bus fährt aus Montreal abends um halb elf ab. Fünfzehn Stunden später steige ich zum ersten Mal um. Wir sind in Moncton an der Landenge zur kanadischen Halbinselprovinz Nova Scotia. Ich habe in dem ziemlich leeren Bus gedöst und undeutlich von Eisbergen geträumt. Der Grund dafür wird mir am Umsteigestopp ziemlich schnell klar: Es ist draußen zwar (noch) nicht nass, aber eisig kalt, überhaupt kein Vergleich zur asphaltklebrigen Vorsommerhitze von Montreal. Bin ich noch im selben Land? Nach einem weiteren Umsteigen, 26 Stunden und 2.896 Kilometer hinter Montreal, hält der Bus am Hafen von New Sydney; die Fähre nach Port-aux-Basques in Neufundland liegt abfahrbereit. In der Liegesitz-Lounge hat sich das Grüppchen kabinenloser Billigpassagiere versammelt, zu denen auch ich gehöre; leider dient sie auch gleichzeitig als Kinosaal. Die drei riesigen aufdringlichen Flachbild-Fernsehschirme stören mich jedoch mitnichten. Ich breite zwischen zwei Sitzreihen meine Strandmatte aus und rolle mich in meinen Schlafsack.

Die Fähre kommt planmäßig um sieben Uhr morgens in Port-aux-Basques an, doch die Fahrt ist noch lange nicht zu Ende: Fast tausend Kilometer sind es quer über die Insel bis zur Provinzhauptstadt St. John's, in der ein Fünftel aller Neufundländer lebt. Wieder ist es vorgerückte Abendstunde, als der Bus der einzigen Linienverbindung auf dem Universitätsgelände hält. Es braucht noch eine Fahrt mit dem Stadtbus und einen fünfzehnminütigen Fußmarsch in herbstkalter Nässe, bis ich endlich am vorläufigen Ziel bin. Die Jugendherberge ist schon geschlossen, aber die Rezeptionistin ist Gott sei Dank noch nicht nach Hause gegangen. Es gibt an diesem

Abend noch ein einziges freies Schlafsaalbett. Das genügt mir. Von meinem Reiseproviant ist noch eine Dose Bohnen in Tomatensoße übrig. Ein mitternächtliches Festmahl.

Eine halbe Million Einwohner hat Neufundland, und die nennen ihre zerklüftete windumtoste Insel The Rock. Weil sie so abgelegen und es so schwer ist, sie zu erreichen oder wieder wegzukommen? Jedenfalls besteht Neufundland hauptsächlich aus *rocks*, Felsen; die Erde ist für Landwirtschaft viel zu mager, und Felsen begrüßen auch den Neuankömmling. Als gäbe es davon immer noch nicht genug, hat The Rock Felsenzungen und rundgewehte, mit spärlichstem Grün bewachsene Felseninseln in die Bucht von Argentia ausgeworfen. Kahl ist er jedoch nicht, sondern glänzt in einem Regenmantel vom frischesten Grün – ein Labsal für die Augen. Im Westen, gegenüber der Straße von Belle Isle, türmen sich begrünte Berge, eher hohe, zerklüftete Hügel. Ansonsten ist das Land dicht bedeckt von Fichten und Tannen mit gelegentlichen Birken dazwischen, zerschnitten von wilden Flüsschen, und gesprenkelt von unergründlich tief scheinenden Waldseen voller winziger Inselchen – Felseninselchen, na klar. Manchmal wird der Wald abgelöst von zähen Büschen und rauer Tundrasteppe mit vielen kleinen schwarzblauen Moorteichen, über die schwarzgraublaue Wolken jagen. Auf der Bergkette der Long Range Mountains in der Ferne hängen noch Schneereste. Schnatter!

Hinter Gander sehe ich den perfektesten Regenbogen meines Lebens; er ist links in einem See und rechts im Wald verankert.

An die riesige geheizte Wohnküche in Flatrock Harbour kann man sich wirklich gewöhnen und auch daran, seine Tage mit guten Gesprächen und Büchern bei Baked Beans mit Melasse und braunem Zucker oder Blueberry Pie zu verbringen. Doch trotz Lauras herzlicher Gastfreundschaft bin ich ein wenig enttäuscht, was aber nicht an Laura liegt. Eigentlich hatte ich nach Twillingate weiter gewollt, das im Norden Neufundlands in einer Sackgasse liegt. Twillingate ist berühmt dafür, dass im Frühsommer Eisberge, die von der Eiskruste der Baffininsel abgebrochen sind, an der zerrupften Küste vorbeitreiben, an der der Ort liegt, und ihr dabei ganz nahe kommen. Auf Bestellung landen sie natürlich nicht an. Ein Anruf bei Bekannten von Laura lässt diesen Traum, zugegebenermaßen einen von schon ganz schön vielen auf dieser Reise, die in Erfüllung gegangen sind, zerplatzen oder, in diesem Fall, eher zerspringen. Bisher wurden überhaupt noch keine Eisberge um Twillingate gesichtet, und da jetzt sozusagen die Hochsaison wäre, sind auch keine mehr zu erwarten. Es sei kein gutes Jahr für Eisberge, meinen Lauras Bekannte – unmittelbare Auswirkung des Treibhauseffekts. Aber Whalewatching gebe es, das sei doch auch ganz toll – ob ich nicht doch nach Twillingate kommen wolle? Recht entscheiden kann ich mich nicht. Ich wollte so gern Eisberge sehen.

Ich lade Laura in ihr Lieblingscafé in St. John's zu Eiern Benedict mit englischen Muffins und Walnut Pie ein.

Ein seltenes Schauspiel spendet dann doch noch einiges an Trost. In die Bucht von Gallows Cove etwas nördlich von St. John's ist durch den Nebel aus dem sonst offenen Meer ein Feld aus Packeistrümmern hereingetrieben – Salzwassereis. Die flachen scharfzackigen Stücke sehen aus, als habe ein Riese in seinem Porzellanschrank gewütet. Das Packeis hat vier Berge aus Gletschereis mitgeschleppt. Sie sind längst nicht so groß wie ich mir Eisberge immer vorgestellt hatte, und auch nicht so schön – keine Eisburgen im Meer mit bizarren Za-

136

cken, Zinnen oder Gipfeln. Es sind *growler*, wie sie die Neufundländer nennen, keilförmige, nach einer Seite hin steil abfallende Gletscherbrocken, ungefähr von der Größe eines
Klaviers. Aber immerhin, und bläulich an den Rändern sind
einige von ihnen auch.

Zwei Tage später löst sich der Nebel auf in einem pastell-
farbenen Sonnenaufgang in Rosenrosa und Zitronengelb über
der anthrazitschwarzen Silhouette des Kap Red Head.

BURGEN IM MEER

Castles in the sea, so nannte Lawrence Jackson (1942-1998) die
Eisberge, von denen er sein Leben lang fasziniert war. Zehn-
tausende von Eisbergen kalben jeden Sommer von den Gletschern Grönlands. In einer Reise, die zwei oder drei Jahre
dauern kann, wandern sie die Küsten entlang, werden in der
Baffinbai vom Labradorstrom ergriffen und treiben auf der
„Allee der Eisberge" nach Südosten. Etwa tausend von ihnen
schaffen es im kalten Wasser und der Luft des Atlantiks bis
nach St. John's, das zwischen dem 47. und 48. Breitengrad
liegt – südlicher als München! Die Ostküste Neufundlands
erreichen die in Weiß und Blau funkelnden Eisdiamanten am
Ende ihres Lebens. Hier beträgt die Wassertemperatur zehn
Grad Celsius, was zu einem raschen Schmelztod der glänzen-
den Giganten führt. Besonders stark komprimiertes und dich-
tes Gletschereis, das keine Luftblasen mehr enthält, leuchtet
saphirblau. Die Burgen im Meer haben ein Fundament, wie sie
kein Bauwerk zu Land je gehabt haben dürfte, denn weniger

als ein Drittel der Masse eines Eisbergs ragt über die Wasseroberfläche hinaus.

XLV. IRLAND

... nun lag die Nautilus *nur noch hundertfünfzig Kilometer vor Irland.*
[...] Als wir um die Grüne Insel herumfuhren, sah ich für einen Moment
Kap Clear und den Leuchtturm von Fastnet, der Tausenden von Schiffen,
die aus Glasgow oder Liverpool kommen, mit seinem Licht den Weg
weist.
(II/20/593)

Cape Clear Island ist die letzte Bastion, der südlichste besiedelte Punkt Irlands, und ein prima Ort, um abgeschieden zu leben und in Ruhe gelassen zu werden. Ganz besonders Ruhebedürftige konnten dann noch Leuchtturmwärter auf Fastnet werden. Das winzige Eiland, eigentlich nur ein 30 Meter hoher Felsen, liegt noch mal dreieinhalb Seemeilen von Cape Clear entfernt. Eiland und Leuchtturm ähneln von hier aus einer geballten Faust mit ausgestrecktem Zeigefinger. 1854, also 14 Jahre vor Durchfahrt der *Nautilus*, wurde auf Fastnet der erste Leuchtturm gebaut; 1989 wurde der letzte ruhesuchende Leuchtturmwärter in Pension geschickt und das Signal automatisiert.

Auch auf Cape Clear geht's eher gemütlich zu. Die Insel ist gut fünf Kilometer lang und etwa zweieinhalb Kilometer breit, doch was mich daran hindert, sie bequem zu umwandern, ist die Tatsache, dass sie überraschend hoch ist. Ein großer Felsen mit Grotten darin und senkrechter Küste. Die Straßen sind schmal und steil, die wenigen Autos sehen strapaziert aus. Die Landschaft ist ein grünes Wiesen-Patchwork, unterteilt durch Wälle aus flachen, senkrecht gelegten Bruchsteinplatten. Viele alte Steinhäuser ohne Dach, Reste zweier Kirchen und eines alten Wachturmes. Cape Clear gehört zu den *gaeltacht*, den Gebieten Irlands, wo das alte keltische Irisch noch als Erstsprache gesprochen wird; der einheimische Name der Insel ist Oileán Chléire. Etwa 120 Menschen leben hier von Rinderzucht, B&Bs und Restaurationsbetrieben für die Tagesausflügler aus Baltimore und Schull; eine Jugendherberge und einen Campingplatz gibt es. Offenbar werden auch Ziegen gehalten; ein kleiner Hof bietet Ziegenkäse und Ziegenmilcheiscreme an.

Irland, ganz Irland, hat genau so viele Einwohner wie Hessen, ist aber andererseits auch genau viermal so groß. Zweieinhalb der gut sechs Millionen Iren ballen sich in Dublin, Belfast und Cork, so dass für die übrigen reichlich Platz bleibt, um sich großzügig zu verteilen. Recht menschenleer ist Irland; im Gegenzug dafür steht es voller großartiger Ruinen – Burgen, Kirchen, Klöster, die davon Zeugnis ablegen, dass hier Kultur und Bildung blühten zu einer Zeit, in der es im übrigen Europa am dunkelsten war: in den drei Jahrhunderten, die auf den Untergang des Römischen Reichs folgten, zu dem Irland nie gehört hatte. Zeitgleich mit der Spaltung des Römischen Reichs (436 n.Chr.) kam im Jahre 432 Patrick als Bischof auf der Insel an. Der heutige Nationalheilige brachte nicht nur das Christentum, sondern auch das Schrifttum mit, ließ nicht nur Klöster, sondern auch Schulen bauen. Die Architektur kam zu ihrer Hochblüte etwa zwischen 1000 und 1150; viele der großen romanischen und gotischen Bauwerke stehen freilich auf den Grundmauern viel älterer christlicher Gebäude. Manche der Klosterstädte sehen aus, als seien die letzten Bewohner vor

140

noch gar nicht so langer Zeit abgerückt – greifbares Hochmittelalter. Ein gigantisches, unvergleichliches Museum ist Irland.

Meinen historischen Grundkurs Irland habe ich mit meinen Eltern bereits in den 1980er Jahren absolviert, sodass ich die drei wohl berühmtesten Touristenziele schon kenne – Clonmacnoise, Glendalough und den Rock of Cashel. So tuckere ich mit meinem alten Motorrad von Cape Clear aus ganz im Westen aufwärts, durch die restlichen *gaeltachtaí*, denn in all diesen abgelegenen Zipfeln der überaus zerklüfteten Küste haben sich die letzten Gemeinschaften der uralten Sprache zurückgezogen, und auch der Touristenstrom verläuft sich, bevor er in den weniger bekannten Sehenswürdigkeiten ankommt. Das ehemalige Kloster von Ardmore ist nur klein und ziemlich zerfallen, aber daneben steht Irlands besterhaltener Rundturm. Diese hohen schlanken Steintürme sind die typischsten historischen Wahrzeichen der Insel und in der mittelalterlichen Architektur Europas einzigartig. Sie wurden, immer freistehend, neben Kirchen oder Klöstern errichtet und dienten als Glockenturm, vor allem aber als Rückzugsstätten für die Mönche, ihre Bücher und den Klosterschatz bei Angriffen der Wikinger oder irischer Clanhäuptlinge. Noch etwa 65 davon gibt es. Der von Kilmacdouagh ist um zwei Meter geneigt. Die alte Klosterstadt, direkt neben einem Bauernhof, ist wunderschön mit den Ruinen der Kathedrale, zweier kleiner Kirchen und des Wohnhauses des Abtes; daneben ist ein Friedhof mit vielen keltischen Kreuzen.

Sechs Millionen Einwohner. Aber etwa 80 (achtzig!) Millionen Menschen auf der ganzen Welt behaupten von sich, irischer Abstammung zu sein. Seit dreihundert Jahren ist Irland ein Abwanderungsland, und die Ausdünnungs- und Fluchtbewegung scheint auch das Land selbst ergriffen zu haben. Zerfasert, zerrupft ist die Westküste, in Halbinseln und Ausläufer, die kaum noch an der Hauptlandmasse dranzuhängen scheinen; zahllose Inselchen und Eilande haben sich schon losgerissen, als strebten sie fort. Überall im ländlichen Irland – und das Land ist fast überall ländlich – stehen halb zerfallene Cottages aus dunklem Stein oder solche ohne Dach, überwuchert von Brombeerranken, umwickelt mit Efeu, manchmal auch einfach eine Wand von einem alten Kirchlein. Auf Weiden oder Hügelkuppen oft Pferde, einmal ein Esel. Die Straßen sind hier für alle da: Fußgänger, Radler, Schafe. Die Reiter sind nur noch Freizeitreiter, doch außerhalb der Ortschaften sind auffallend viele Menschen zu Fuß unterwegs. Die Begrüßungssitte, kurz mit dem Kopf von links unten nach rechts oben zu rucken, hat sich immer noch erhalten.

Auf schmalen Sträßchen mit seltsamem Belag, auf denen ich mir manchmal eher vorkomme wie in einer Halfpipe, erreiche ich Connemara. Der Tag ist einer von denen, die man als Motorradfahrer nur durchstehen kann, sonst nichts. Es ist Anfang Juli, und es herrscht Spätoktober-Nordseewetter, nur dass es dann dort besser ist. Dauerregen kombiniert sich mit stark böigem Wind und unglaublicher Trübe; der Himmel ist grau in grau, die Außentemperatur beträgt ganze elf Grad. In Letterfrack gibt es ein Hostel, das auf seiner Wiese auch Camping erlaubt. Da ich am liebsten campe, beschließe ich, trotz der äußeren Widrigkeiten mein Zelt aufzubauen, doch schon in der zweiten Nacht flüchte ich ins Hostel. Ich kann nämlich beobachten, wie sich sämtliche Bodenvertiefungen vom strömenden Regen nach und nach mit Wasser füllen und die Wiese allmählich voll läuft. Dagegen nützt auch das beste Zelt nichts. Ich räume aus, wobei ich einen Regenwurm aus dem Innenzelt entfernen muss, ziehe die Unterbodenmatte hervor und decke wenigstens mein armes Motorrad ab. Ein kleines Einpersonenzelt neben mir hat nicht standgehalten; aus der Form geraten und voller Schmutzflecken, hängt es wie eine Wursthaut im Gestänge. Ich versammle mich mit anderen feuchtigkeitsdampfenden Campern und Radlern im Wohnzimmer des Hostels, wo im Kamin ein Holzfeuer prasselt. Große Klasse! Genau so hab ich mir eine Motorradreise im Hochsommer immer vorgestellt. Ein Lichtblick ist das solide Frühstück, das es morgens im gesteckt vollen Keller des Hostels gibt und das im Preis eingeschlossen ist: Haferbrei, gutes irisches Gerstenbrot, Eier, Kaffee, Rosinenkuchen.

Oscar Wilde bezeichnete Connemara, wo seine Eltern während seiner Jugend ein Sommerhaus hatten, angeblich einmal als „wilde Schönheit" (*savage beauty*), und das Zitat wird heute in jeder, aber auch wirklich jeder Broschüre über Connemara bemüht, gedruckt oder online. Meine Skrupel, es gleichfalls zu bemühen, sind deshalb nicht gering. Aber Oscar Wilde ist einfach ein viel zu großer Ire, als dass man ihn übergehen könnte. Und außerdem hat er Recht. Connemaras Moorlandschaft, perfekter Wechsel zwischen Meeresspiegelniveau und unvermittelt ansteigenden Gipfeln, ragt in hohen, aber nicht rauen grünen Hügeln auf, mit zahllosen kleinen Seen dazwischen. Die Moorseen, manchmal eher Moorlöcher, sind oft uferlos, die Ränder von Schwemmlandgras bewachsen, das einen Meter hoch und hart wie Frühlingszwiebeln ist; manche der Seen sind halb bedeckt von gelben knolligen Seerosenblüten auf riesigen runden Blättern, andere besprenkelt mit winzigen Inselchen, die hauptsächlich aus Gebüsch bestehen. Ein altes einbogiges Steinbrücklein spannt sich abseits der Straße über einen kleinen gewundenen Fluss, nicht viel mehr als ein Bach. Im Süden, zur Galway Bay hin, ist das Land fast steppenartig, mit hohem Gras in Grün, Beige und Rotbraun; begrenzt wird es in der Ferne von bläulich-dunstigen, fast transparent wirkenden Erhebungen. Die Landschaft tut nur so, als sei sie schroff, wie wilde Schönheiten das so an sich haben; die Schwermut des Regenhimmels, unter dem manchmal die Spätnachmittagssonne leuchtet, machen das geheimnisvolle Hügellandmoor nur noch zauberhafter. Nur zwei halbe Nachmittage lang kann ich es einigermaßen bewundern, ansonsten zieht sich Connemara wieder seinen Regenschleier vors Gesicht. Wilde Schönheiten sind eben auch kokett.

Im Süden der Galway Bay läuft ein weiteres Stück traumschöner irischer Küste in den berühmten Cliffs of Moher aus, acht Kilometer lang; in zweihundert Metern Tiefe brodelt durch Höhlen und Einbuchtungen die See. Es ist einer der Orte auf der Welt, bei denen sich in das Staunen über die Grandiosität die Erkenntnis der eigenen Nichtigkeit mischt, in das Wissen um die Ewigkeit das um die eigene Vergänglichkeit. Von den Cliffs of Moher aus sieht man bei klarem Wetter den abgelegensten, isoliertesten, eigenwilligsten und gerade noch besiedelten Teil Irlands – die Aran-Inseln. Wie Connemara gehören die Aran-Inseln zum Bezirk Galway, der weitaus größten *gaeltacht* – fast die Hälfte aller Menschen, die Irisch noch als Muttersprache sprechen, leben hier. Mir sind diese windumtosten Vorposten des keltischen Abendlandes schon seit meiner Kindheit aus den Jugendbüchern der Schriftstellerin Eilís Dillon ein Begriff. Etwa zwölfhundert Menschen leben heute auf den Aran-Inseln. Kahle Kalkfelsen waren es einst, noch karger als andere Teile von Irland, die in mühevoller Arbeit nutzbar gemacht wurden, indem man aus Sand und Seetang Kunstboden anlegte und diesen mit Bruchsteinmauern befestigte. Die Menschen lebten von Kartoffeln, Kohl, Fischfang und Schafzucht.

Kein einziger Baum wächst auf den Aran-Inseln. Die Steingärten von Inisheer sind klein und die grauen Steinwälle so viele, so hoch und so gewunden, dass man den Eindruck hat, man sei in einem Labyrinth. Auf dem höchsten Punkt der Insel thronen die Überreste eines mittelalterlichen Kastells. Inishmaan sehe ich nur im Vorüberfahren von der Reling eines spotzenden Äpfelkahns aus; es wirkt wüst, öde und verlassen – tatsächlich leben dort nur etwa 160 Menschen. Inishmore ist mit 31 Quadratkilometern schon die größte der Aran-Inseln und kann sich mit einer beeindruckenden Menge wirklich uralter Trümmer schmücken. Dún Aonghasa, hauptsächlich eine mächtige Mauer, als deren Verlängerung eine Klippe steil ins Meer abfällt, wurde vermutlich schon 800 Jahre vor unserer Zeitrechnung gebaut; wahrscheinlich war hier einmal eine Kultstätte. Für mich steht fest, dass die alten Araner nicht alle Tassen im Schrank gehabt haben müssen – wer konnte auf die Wahnsinnsidee verfallen, auf dem letzten zugigen Zipfel dieses windumtosten Felsens eine Ritualstätte zu bauen? Doch die Luft ist hier würzig und köstlich, mein beginnender Husten – unangenehme Folge von Morgennebel und ständig nassen Füßen – ist im wahrsten Sinne des Wortes wie weggeblasen. Na Seacht d'Teampaill („Die sieben Kirchen") sind die Reste einer mittelalterlichen Klostersiedlung. Am besten gefällt mir das zwischen Steingärten herumstehende Kirchlein Teampall Beanain, das aus dem 7. Jahrhundert stammt. Das Dach ist eingestürzt; es hat absurd hohe Dreiecksgiebel und gilt als kleinste Kirche der Welt – mit 3,7 Metern Länge und nur 1,8 Meter breit. Daneben Reste eines Rundturmes, vielleicht drei Meter hoch.

Die größte der von Irland noch einmal abgerissenen Inseln ist Achill an der Clew Bay, *„von wo es bis New York nur noch Wasser gibt"* (Heinrich Böll: *Irisches Tagebuch*).Wem die Aran-Inseln schon wenig gastlich vorkamen, wie zum Beispiel mir, dem setzt Achill Island noch eins drauf. Bäume gibt es sowieso nicht, grünes Gras auch nicht mehr, sondern nur Torfmoor und rotbraunes Moos. Das obere Drittel der Berge, die bis auf siebenhundert Meter aufragen, ist kahl. Auf einer fast vertikalen Weide kriechen die weißen Pünktchen einer Schafherde entlang, der Wind trägt die Rufe und Pfiffe des Schäfers hinunter. Das verlassene Dorf liegt an einem Hang des Slievemore. Es ist namenlos, seine Geschichte liegt im Dunkeln. Wahrscheinlich wurde es während der Großen Hungersnot (1845-1849) verlassen, vielleicht aber auch entwohnt aufgrund der feudalistisch anmutenden Landbesitzverhältnisse in der britischen Kolonie Irland im 19. Jahrhundert – noch heute ist das Land, auf dem sich das Dorf befindet, im Privatbesitz. Das Dorf ist groß, etwa hundert Cottages, alle gleich klein, alle gleich niedrig, alle aus dem gleichen aufgeschichteten Bruchstein, alle in die gleiche Richtung schauend. Gassen sind nicht zu erkennen, die Cottages verteilen sich einen Kilometer den Berghang entlang. Die Ruinen sind in keinem guten Zustand, von manchen Häusern stehen nur noch die Giebelwände. Den Schafen, die hier grasen, ist es einerlei. Es gibt viele Geisterdörfer in Irland, ähnlich namenlos, ähnlich gesichtslos. Vielleicht war es sogar dieses hier auf den Torfwiesen am Slievemore, das Heinrich Böll einst beschrieb: *„graue, gleichförmige Steingiebel, die wir zunächst ohne perspektivische Tiefe sahen, wie dilettantisch aufgestellte Kulissen für einen Gespensterfilm."*

146

BUNTE INSEL

Klischees gefällig? Das Attribut „grüne Insel" wird für Irland beinahe synonym verwendet, unter anderem von keinem Geringeren als Professor Aronnax, und Irland selbst bedient dieses Klischee auch schaufelweise. Es hat sich den Spitznamen „Smaragdinsel" verpasst, Nationalsymbol ist das Kleeblatt, das Maskottchen der in Jägergrün gekleidete Leprechaun, ein Märchenkobold. Grün in der Flagge, grün die Trikots der Fußballnationalmannschaft und grüne Bänder am Nationalfeiertag Saint Patrick's Day. Und ihre Berechtigung hat die Bezeichnung „grüne Insel" ja doch auch. Seit dem Mittelalter fast abgeholzt, ist Irland von Wiesen und Weiden bedeckt, die dank reichlich Regen nie unter Dürre zu leiden haben – Heinrich Böll erklärte das damit, dass das Wasser, das sich über dem Atlantik Tausende von Kilometern lang sammelte, sich freute, endlich wieder festes Land erreicht zu haben. Und ja – so saubergewaschen, leuchtet Irland tatsächlich wie ein Smaragd.

Ich habe jedoch festgestellt, dass Irland keinesfalls nur mit allen Schattierungen von Grün aufwartet, sondern auch mit allen Schattierungen von Grau. Grau die Steinwälle, die die grünen Wiesen unterteilen, grau die vielen verlassenen Cottages, grau die Granitküste, die Rundtürme, die Klosterruinen, die Kirchen, die keltischen Kreuze. Grau auch das Meer und gleichmäßig bleifarben oft genug der Himmel, der erst am Grün der Wiesen endet. Der Stein gehört hier untrennbar zum Gras. Düster sind all das Grau und all die Steine nicht, doch passen sie in ihrer Schwermut zu Irlands bewegter und oft tragischer Geschichte.

Und dann ist Irland auch bunt, mit Farbmustern auf dem in Grau eingefassten Grünteppich, wie ich sie prachtvoller und intensiver selten in der Natur gesehen habe. Obwohl Irland auf der geographischen Breite des Baikalsees liegt, stehen den kühlen Sommern milde Winter gegenüber, fehlen hier Frost und Schnee, so dass selbst mediterrane Pflanzen im Freien überwintern können. Auch einheimische „wilde Schönheiten" (*savage beauties*) versprühen verschwenderisch ihre unglaublichen Farben. Sonnengelb leuchten Butterblumen, Seerosen und Ginster, tiefviolett das Heidekraut, schimmernd weiß die Schafgarbe. Massen von Montbretien, die ich sonst höchstens als Zierpflanzen im Park kenne, überschütten Steinwälle und Mauerreste mit flammendem Rotorange; riesige Blüten von purpurnem Fingerhut stehen in dichten Büscheln herum. Die Straßen entlang wuchern wilde Rosenhecken im lebendigsten Pink. Pflanzen, die in Deutschland mühsam im Garten oder in Kübeln gezogen werden müssen, wachsen in Irland ganz selbstverständlich überall vor sich hin: pastellblaue Bälle dicker Hortensien; in Rosa- und Lilatönen wie Seide changierende Rhododendren; in ebensolchen Tönen die Fuchsien, deren außergewöhnliche Blütenglocken wie kostbare Filigranarbeit aussehen.

XLVI. ENGLAND

Aus den Positionseintragungen auf der Karte ersah ich, dass wir den Ärmelkanal hinter uns ließen und mit unübertrefflicher Geschwindigkeit auf die nördlichen Meere zuhielten.
(II/22/612)

England wird zu Recht oft als riesiger Park bezeichnet. Dort, wo die *Nautilus* den Ärmelkanal hinter sich lässt, um auf die nördlichen Meere zuzueilen, endet die sanftgrüne, leicht wellige englische Parklandschaft unversehens und abrupt an einem Steilhang. Schneeweiß und fast senkrecht fallen die berühmten Kreidefelsen von Dover über hundert Meter in die Tiefe. Sie gelten als eines der großen Naturwunder Großbritanniens. Der Ärmelkanal ist hier nur noch 34 Kilometer breit, der Kontinent ist in Sichtweite, und vor dem Aufkommen der Zivilluftfahrt und dem Bau des Eurotunnels gelangten zweitausend Jahre lang Händler, Touristen und Invasoren bevorzugt von Dover aus nach Frankreich – oder eben umgekehrt. Ankommende Reisende dürften durchaus immer beeindruckt gewesen sein von ihrem ersten Blick auf England. Auch der zur Kategorie „Invasoren" zählende Julius Cäsar hat 55 Jahre vor unserer Zeitrechnung vermutlich als erstes die Kreidefelsen gesehen – viel mehr dann aber auch nicht. Die Kreidefelsen hatten in all ihrer Schönheit auch immer die Funktion eines Schutzwalls, und zwar mehr als nur symbolisch, wie die trutzige mittelalterliche Festung von Dover beweist.

Mit meinem Motorrad fahre ich entlang der Küstenstraße auf geschichtsdurchtränktem Boden Richtung Cornwall. Im 12. Jahrhundert entstand hier in der Grafschaft Kent zeitgleich mit der Hanse der Bund der Cinque Ports, eine militärische und wirtschaftliche Allianz von fünf damals bedeutenden Hafenstädten: Dover, Hastings, New Romney, Hythe und, als nördlichster, Sandwich. Sandwich, das inzwischen ein paar Kilometer vom Meer entfernt liegt und eher bei Golfspielern bekannt ist, gilt heute in ganz England als die Stadt mit der besterhaltenen Mittelalterarchitektur. Schöne Fachwerkhäuser mit steinernem weißgetünchten Erdgeschoss reihen sich in fast geschlossenen Straßenzügen aneinander. Es gibt mehrere ehemalige Tavernen und das letzte erhaltene Stadttor, das allerdings nicht mehr am Hafenkai steht, sondern hinter einem großen Parkplatz. Auf meiner epischen Reise bin ich – wie klein ist doch die Welt – diesem Ort schon einmal indirekt begegnet: Der Titel Earl of Sandwich wurde im 17. Jahrhundert der Familie der Montagu verliehen. Zu Ehren des 4. Earl, John, verlieh Kapitän James Cook seinerseits den Hawaii-Inseln den Namen Sandwich-Inseln, den auch Professor Aronnax noch benutzt (vgl. Kap. II). Den Namen von Hastings kennt jeder aus dem Englischlehrbuch; nach der Schlacht von Hastings 1066 fiel England unter die Herrschaft der Herzöge der Normandie. Etwas südlich von Bournemouth stehen die drei fantastischen Kreidesäulen der Old Harry Rocks wie eine weiße Bastion direkt im Wasser. Hier habe ich nun auch das England der Literatur und der Mythologie erreicht. Im Hügelland der South Downs bei Winchester spielt Richard Adams' zauberhafter Kaninchenroman *Watership Down*. Hier war im frühen Mittelalter das Königreich Wessex, in dessen modernisiertem, halbfiktionalen Umfeld Thomas Hardy in der

2. Hälfte des 19. Jahrhunderts seine großen Romane ansiedelte; Bournemouth taucht bei ihm auf als Sandbourne. Gleich um die Ecke liegen auch das mythologische Avalon, wo angeblich der schwerverwundete König Artus nach der Schlacht von Camlann (um 538 AD) zur letzten Ruhe gebettet wurde, und der viel greifbarere, wenn auch nicht weniger geheimnisumwobene Steinkreis von Stonehenge.

Ich bin inzwischen längst jenseits von Historie, Literatur und Mythologie, und auch um die Schönheit der Kreideküste würdigen zu können, muss ich mich schwer zusammenreißen. In England haben die Schulferien angefangen, und ich fahre seit vier Tagen auf der Küstenstraße im Stop and Go nach Westen. Eine solche Blechlawine habe ich überhaupt noch nicht erlebt, nicht mal an den neuralgischsten Punkten im auch nicht gerade verkehrsarmen Deutschland. Ich habe es auch noch nie erlebt, dass ich zu jeder Zeit und von jedem Stopp nahtlos zurückgeleitet werde in den Stau, der sich tagelang nicht auflöst. Offenbar sind dreizehn Millionen englische Familien auf dem Weg in die Ferien in den Seebädern. Sich durch die Ortschaften mit ihren Ampeln zu wühlen, ist das Allerschlimmste; in den zahllosen Kreiseln kommt regelmäßig alles zum Stillstand. Als würde das Land evakuiert. Gott sei Dank klappt das mit dem Linksverkehr gar nicht so schlecht, man gewöhnt sich überraschend schnell daran, dass alles verkehrt herum geht. Wenn ich mal einen Fehler mache, weil ich die Situation doch nicht sofort durchschaue, fängt wenigstens hinter mir nicht sofort ein Hupkonzert an – die sprichwörtliche englische Höflichkeit. Das Wetter ist eher kühl, und es schauert öfter – auch sprichwörtlich englisch; von den gelegentlichen Sonnenausbrüchen habe ich nichts. Ich stecke fest, habe keine Gelegenheit, meine Regenkombi oder mein wollenes Unterzeug loszuwerden und fluche, dann eben nicht regendurchweicht, sondern schwitzend durchweicht. Den Abgasen von Hunderten Autos um mich herum bin ich schutzlos ausgesetzt. Hinter Exeter ist die Strecke zur Kraftfahrstraße ausgebaut, so dass ich, wenn der Verkehr zum Stillstand kommt, wenigstens noch in der Gasse zwischen den beiden Fahrspuren hindurchbalancieren kann. Eines Nachmittags ist das Maß dann voll. Nichts geht mehr, weder vor noch zurück. Erschöpft und genervt biege ich nach links auf einen Feldweg ab, wo ein Schild in Richtung der Felder und eines kleines Sees zu einem Campingplatz weist. Der einfache kleine Platz auf einer Lichtung in einem künstlichen Tannenwäldchen ist geradezu paradiesisch. Obwohl ich todmüde bin, habe ich eine miserable Nacht, denn mein etwa fünf Meter entfernter Zeltnachbar, ein englischer Motorradfahrer, schnarcht mörderisch. Überhaupt ist mir in den letzten paar Nächten aufgefallen, dass das hier in England eine Volkskrankheit zu sein scheint. Dieses Mal kommt es aber wirklich ein bisschen dick, denn mein besagter Campinggenosse schnarcht nicht nur, sondern stöhnt, grunzt und jault auch noch im Schlaf.

Am Morgen herrscht Nebel im Wäldchen – generell ein gutes Zeichen für den wettermäßigen Fortgang des Tages. Ich stelle im Zelteingang meinen Gaskartuschenkocher auf. Es ist immer die schönste halbe Stunde des Tages, frühmorgens bei einem großen Becher sehr heißen und sehr starken Kaffees zu sitzen. Dann werfe ich einen Blick auf die Landkarte, um festzustellen, wo ich überhaupt bin. Ich habe Cornwall inzwischen erreicht und befinde mich im Bodmin Moor, einem fast unbewohnten Hochmoor – das erklärt den Nebel. Als ich vom Campingplatz zur Autostraße zurückkehre, staune ich nicht schlecht: Der Stau nach Westen ist immer noch da. Ob das neue Leute sind, oder ob die von gestern alle hier geschlafen haben? Also in die andere Richtung! In der Gegend östlich von St. Austell hat der Mensch mächtig in die Landschaft eingegriffen, seit dem Mittelalter schon, und sie besonders dann im 18. und 19. Jahrhundert regelrecht verwandelt. Das Ergebnis ist, ich muss es gestehen, durchaus sehenswert und auch harmonisch. Die „Kornischen Alpen" sind durch die Gewinnung von Porzellanerde entstandene Abraumhalden. Sie sind glattgestrichen wie Mehlhügel; eine leicht begrünte Halde sieht aus wie eine Pyramide, spitz und mit ebenmäßigen Seiten. Ein kleiner See ist auch da, vom unnatürlichsten Giftgrün. Bei Bugle stehen hohe schlanke Ziegelschornsteine herum, fast wie irische Rundtürme, mit Gras bewachsen oder mit Efeu — die Überreste ehemaliger Porzellanfabriken. Am besten gefällt es mir beim winzigen Dorf Minions auf dem Caradon Hill, einem ehemaligen Bergbaugebiet. Keine der dreizehn Millionen urlaubenden englischen Familien hat sich hierher verirrt, und außer mir auch kein ausländischer Tourist. Hier am Ausläufer des Moors, auf 370 Metern Höhe, gibt es nur zähes Buschwerk, keine Bäume mehr. Auch der Caradon Hill ist voller malerischer Ruinen vom Anfang des Industriezeitalters. Es gibt ein weiteres halbes Dutzend Schornsteine und Reste von etwa ebenso vielen rohsteinernen ehemaligen Maschinenhäusern, wie kleine Burgen, die einst zu den Kupfer- und Zinnminen gehörten. Nicht nur auf mich, sondern auch auf etliche Vertreter der UNESCO scheint Industriearchitektur einen gewissen strengen Reiz auszuüben — die Bergbaulandschaft von Cornwall wurde 2006 in die Liste des Weltkulturerbes aufgenommen.

Bodmin Moor ist eine hügelwellige Graslandschaft, unterteilt durch Heckenreihen. Sie gehört den Schafen und den

Kaninchen. So wie der Nebel am Morgen passt auch der Spätnachmittagshimmel zum Moor, er ist jetzt gewitterdüster. Die Baumlosigkeit des Bodmin Moor setzt sich nach Norden fort und läuft in mit einem Grünteppich belegten felsigen Klippen aus, die sowohl von Land als auch von See her kaum zu erreichen sind. In die schroffe hohe Wand der Steilküste schneidet sich eine schmale Bucht mit ebenfalls steilen Wänden, in denen Höhlen sind. An der Westseite der Bucht kleben in und auf der Steilwand Reste von Mauern, einem Wachturm: die legendenumrankte Burg Tintagel. Nachdem ich vor einigen Tagen schon an Avalon, der Grablege von König Artus, vorbeigekommen bin, soll er hier auf Burg Tintagel gezeugt und geboren worden sein, ersteres mithilfe des berühmten Zauberers Merlin, der dem Liebhaber von Artus' Mutter Igraine mit einem Trick Zugang zur Burg verschaffte. Neben der Legende ist das Einnehmendste an Tintagel heute seine Lage; die spärlichen Reste sind außerdem viel jünger als die Artussage und stammen aus der Mitte des 13. Jahrhunderts.

Im nahen Dorf Tintagel ist einiges los, aber es ist erträglich und die Stimmung ist gut. Ich reihe mich ein in die Schlange vor einer Bäckerei, wo man durch die Fenster zuschauen kann, wie die Bäcker die berühmten Cornish Pasties zubereiten, familiengroße muschelförmige Pasteten. Die klassische Füllung besteht aus Lammhack und Minze, doch man hat sich inzwischen an die neuzeitlichen Besucher angepasst: Die Variante „vegan" ist was für mich – das Gemüse, mit dem die Patete gefüllt ist, ist zwar aus der Dose, aber immerhin. Da die Füllung auch Maiskörner und Kartoffelwürfel enthält, kann König Artus diese Art von Cornish Pastry noch nicht gegessen haben. Die leckeren Scones, die es hier auch gibt, vielleicht schon eher: außergewöhnlich schwere Sodabrötchen mit Rosinen und nur leicht gezuckert.

Die Kirche St. Nonna in Altarnun, einem der wenigen Dörfchen im Bodmin Moor, wird auch die „Moorkathedrale" genannt. Sie stammt aus dem 15. Jahrhundert und ist nicht unhübsch in ihrem trutzigen Tudorstil, aber nicht besonders aufregend. Darunter jedoch sind die Grundmauern einer anderen, viel älteren Kirche, die schon 900 Jahre zuvor dort stand – zu Zeiten des Königs Artus also, als das junge Christentum in England um seinen Platz kämpfte. Erhalten ist aus dem 6. Jahrhundert noch ein keltisches Steinkreuz auf dem Friedhof von St. Nonna. Fünfzehn Jahrhunderte haben den moosbedeckten Sockel mit der Steinscheibe rundgewaschen; die verwitterte Gravur eines Kreuzes lässt sich nur noch erahnen.

Das England der Zeiten Merlins mit seinen Sagen, Mythen und Helden lebt weiter.

Though the magic lingers round you still
Oh who would walk the stony roads
Of Merlin's time
And keep the watch along the borderline
And who would hear the legends passed
In song and rhyme
Upon the shepherd pipes of Merlin's time

(Doch noch immer umgibt die Magie dich
der du die steinigen Straßen
der Zeiten Merlins gewandert bist
und die Grenzen bewachtest
und der hörte, wie die Legenden
in Lied und Vers weitergegeben wurden

mit den Schäferflöten der Zeiten Merlins)
(Al Stewart: *Merlin's Time*)

156

XLVII. NORWEGEN

Als ich wieder zu mir kam, lag ich ausgestreckt in der Hütte eines Fi-
schers auf den Lofoten.
(II/23/620)

Seit drei Tagen arbeite ich mich langsam, aber unaufhaltsam nach Norden hinauf, entlang der Nationalstraße 6, die bis nach Hammerfest führt. Das Fahren ist ungeheuer anstrengend. Die Straße ist kurvenreich, hat Frostschäden; ich spüre auf dem Motorrad jede Bodenwelle, jede Spurrille. Vor Weidevieh wird gewarnt, und auch die Elchgefahr ist sehr konkret: Einer kreuzt vor mir die Straße, direkt bei einem Warnschild; er ist schwarz und steigt trotz seiner Riesenhaftigkeit graziös über die Leitplanke. Gott sei Dank ist er noch weit genug weg, um nur bewundert werden zu können.

Am vierten Tag überschreite ich den Polarkreis. Es ist so eiskalt, dass auch meine guten Goretex-Handschuhe klamme Finger nicht mehr verhindern können. Kein Wunder – gerade passiere ich auf der Hochebene die Gletscher des Svartisen. Als ich am Saltfjord nach Westen abbiege, wird aus dem ständigen Gegenwind unversehens ein gemein böiger Seitenwind, von dem ich das Gefühl habe, dass er mich an den Straßenrand fegt; für einige Zeit habe ich ehrliche Zweifel, ob ich die letzten 60 Kilometer zum Fährhafen Bodø noch schaffe. Unmut indessen wallte schon mehrfach in mir auf: Musste Professor Aronnax ausgerechnet in dieser Gegend seine Weltreise auf der *Nautilus* beenden, und hätte er sich nicht woanders wieder an Land spülen lassen können als auf den Lofoten?

Moskenes, die südlichste Insel der Lofoten, soll auch die malerischste und landschaftlich schönste sein. Ich würde es gerne glauben, wenn man doch nur etwas erkennen könnte. Es schüttet wie aus Kübeln, regenschwerer Dunst und Wolken hängen einem fast bis auf die Füße, und alles, was nicht Land ist, ist tiefgrau wie Blei, scheint genauso schwer zu wiegen und erweckt den Anschein, als würde sich das Grau nie wieder auflösen, bis in alle Ewigkeit. Ein stürmischer Wind treibt die Regenschwaden wie einen Vorhang vor sich her. Mit Mühe finde ich auf dem Campingplatz eine pfützenfreie Stelle auf dem schwammigen Untergrund. Es dauert zwei Stunden, in Intervallen, wenn der Regen mal für ein paar Minuten ein wenig schwächer wird, mein Zelt aufzubauen. Als ich endlich so weit bin, es einzurichten, gibt es kaum einen nennenswerten Teil meiner Ausrüstung, der nicht zumindest klamm und feucht ist. Selbst in den Regenschutzhüllen der Motorradpacktaschen steht das Wasser einen halben Zentimeter hoch, und bisher hatte ich es nicht für möglich gehalten, dass Lederhandschuhe sich auswringen lassen.

Das einzig Positive ist, soweit davon überhaupt die Rede sein kann, dass hier der Eindruck abgemildert wird, Campingplätze seien nur noch für Wohnmobile da. Hier auf der durchweichten Camperwiese von Moskenes sind jede Menge hartgesottene Leute, nicht nur Motorradfahrer, sondern viele Radler und Wanderer. Auf dem Platz stehen etwa dreißig Zelte unterschiedlichster Größe und Farbe. Die etwa 20 Quadratmeter große Campingplatzküche ist abends brechend voll mit Reisenden aus aller Herren und Damen Länder; man hört Deutsch, Schweizerdeutsch, Englisch, Französisch, Koreanisch, Chinesisch, Flämisch, Finnisch und gelegentlich auch Norwegisch. Es ist saunaschwül hier und tropft deshalb mittlerweile auch innen von den Fenstern. Ringsherum auf Tischen und Spültisch zischen die Spiritus- und Kartuschenkocher. Ein Wandererpärchen hat seine Isomatten und Schlafsäcke im Trockenraum ausgerollt. Eine Pfadfinderlageratmosphäre.

Die Mär von astronomisch hohen Lebensmittelpreisen in Norwegen ist leider keine, sondern nur allzu wahr. Ich habe vorgesorgt und mich vorab eingedeckt, damit ich möglichst wenig einkaufen muss. Meine Campingküche ist nahrhaft und brennstoffsparend, wenn auch alles andere als originell. Das Abendessen besteht zumeist aus Reis mit Sardinen, das Frühstück aus Porridge, gekocht mit Instanthaferflocken, Wasser und Milchpulver. Als ich das letztere, Produkt eines namhaften Kindernahrungsmittelherstellers, in unserem heimischen Dorfsupermarkt kaufte, kam ich mir reichlich bescheuert vor – Zusatzmilch für Säuglinge ab dem 10. Monat. Doch als Reiseproviant erweist sich das Milchpulver wirklich als unschlagbar praktisch.

Der aufs Zelt trommelnde Dauerregen macht eigentlich zuviel Krach, als dass ich schlafen könnte, wirkt in seiner Gleichmäßigkeit aber auch irgendwie einlullend. Während der Nacht kommt es mir so vor, als ob er zwischendurch auch mal Pause macht, aber das sind sicher nur fatalistische akustische Täuschungen. Gegen halb sechs morgens ist kein Irrtum mehr möglich: Es tröpfelt nur noch für einige Minuten leicht aus, und dann hört der Regen tatsächlich auf. Staunend sehe ich zu, wie im Süden die hellblauen Flecken am bisher wolfspelzfarbenen Himmel immer größer werden – so was Schönes hab ich lange nicht mehr gesehen! Die Gipfel im Norden sind noch weiß umflort, doch das sind keine Wolken mehr, sondern nur noch Schwaden aufwabernder Nässe, und im Laufe des Vormittags enthüllt sich ein strahlendes Alpenland.

Der Vorhang wird auch in den nächsten vier Tagen nicht zugezogen, und die Mitternachtssonne tut ein Übriges. Die Inseln Moskenesøy, Vestvagøy und Austvagøy bestehen aus einer Kette unglaublich zerklüfteter, ungastlicher, nadelspitzer Berge, granitgrau, kaum begrünt, dafür tief zerfurcht vom Gletscherwasser aus Jahrmillionen. Fjorde schneiden tief ins Land ein, oft fast abgetrennt vom Meer, so dass sie wie Seen wirken. Dörfer ducken sich auf dem schmalen Saum zwischen Berg und Meer oder auf den gelegentlichen flachen Landzungen. Leuchtende Gipfel werfen harte Schatten auf dunkle Abhänge, bedeckt mit verharschtem Schnee, auf die nie ein Polarsonnenstrahl fällt. Um Å herum, das Dorf mit dem meistfotografierten und meistgeklauten Ortsschild der Welt, stehen zahlreiche *rorbuer*, Fischerhütten, die hauptsächlich während des Kabeljaufangs als vorübergehende Unterkünfte genutzt werden. Sie sind meist rot gestrichen und stehen auf Holzpfählen. Vermutlich wachten Professor Aronnax und seine Kameraden in einem *rorbu* auf, nachdem sie im Beiboot der *Nautilus* geflohen und den berüchtigten Strudeln des Maelstrom (Moskenstraumen) entkommen waren. Auch die hohen Holzgestelle, auf denen der Kabeljau im Salzwind zu Stockfisch getrocknet wird, sind überall zu sehen. Der intensive nasekitzelnde Geruch von Trockenfisch liegt über Moskenesøy; am Straßenrand Seeigelskelette und abgerissene Krebsscheren. Eine zum Wasser abfallende Felswand ist voller Möwen; ihr Geschrei ist ein ziemlich scheußliches Quietschen, ähnlich den von in Fußballstadien verwendeten Tröthupen. Auf dem mageren Boden zwischen Straße und Berg ein Som-

160

merblumenteppich in Blau, Lila, Gelb, Weiß und Rosa. Ein hinreißender und erstaunlicher Anblick sind in manchen Buchten die schneeweißen Sandstrände – gegenüber von kleinen tiefgrünen Seen, Geröllhalden und kahlem Granit mit echtem Schnee.

Auch unter dem jetzt blauen Polarhimmel wird die Luft nie warm; ich beginne zu frösteln, sobald ich in den Schatten trete. Zweimal finde ich Massen von wilden Heidelbeeren und auch die ersten Moltebeeren. Ich freue mich über die Gratisvitamine. Eine ganz sagenhafte und für mich neue Erfahrung ist die Mitternachtssonne, beziehungsweise der um diese Jahreszeit nie endende Polartag. Um zwei Uhr früh ist in Sørvågen zwar die Sonne nicht zu sehen, aber es ist so hell, als sei sie nur gerade mal hinter eine Wolke gerutscht. Der Himmel ist noch ganz blau, mit ein paar Zirren. Der bizarre Südausläufer von Moskenesøy bildet eine Schattenbarriere wie ein Scherenschnitt in dieser unwirklichen Nachthelle.

Als das am schönsten gelegene Dorf der Lofoten gilt Reine, auf mehreren Felseneilanden an einem schmalen, in mehrere Richtungen ausfingernden Fjord, auf allen Seiten umgeben von steilen, kahlen, besonders spitzen Bergen, die von Westen her ihre Gipfel über das Dorf zu neigen scheinen. Ein Teil von Reine und der Bergmauer spiegelt sich im nur leicht gekräuselten Wasser des Fjords, während der Spätnachmittag die *rorbuer* auf der anderen Seite schon wieder in Schwarz und Schatten gleiten lässt – als sei dies ein verwunschener, märchenhafter Ort, in den Fremde nicht hinuntersteigen sollen. Ein märchenhafter, fast verwunschener Anblick auf alle Fälle. Der Lohn für alle Mühen.

Professor Aronnax, Ned Land und Conseil warteten auf den Lofoten auf das alle zwei Monate von Südnorwegen zum

Nordkap hinauffahrende Dampfschiff, um zurück in die Heimat zu gelangen. Ich mache meinen Weg allein und fahre mein Motorrad auf der Nationalstraße 6 zurück. Man spürt gar nicht so recht, dass ich den Polarkreis wieder hinter mir gelassen habe, die Entfernungsangaben auf den Hinweisschildern haben nach wie vor etwas Einschüchterndes an sich, und das Wetter bleibt durchwachsen. Vielleicht habe ich mich inzwischen ja schon an die für das Motorradfahren wenig motivierenden Umstände gewöhnt – jedenfalls nehme ich mir jetzt die Zeit und Muße, die großartigen Gegenden, die ich durchfahre, auf mich wirken zu lassen und nicht nur als Widrigkeiten und Kilometer aufzufassen, die es zu bewältigen gilt. Eigentlich kann man nicht sagen, dass es in Norwegen Naturwunder gibt. Es ist vielmehr so, dass das ganze Land ein einziges Naturwunder ist, mit so spektakulären, majestätischen und grandiosen Landschaften, die mir Tag für Tag den Atem rauben und doch Tag für Tag ganz unterschiedlich sind.

Der Jotunheimen ist das höchste Gebirge Skandinaviens. Übersetzt bedeutet der Name Heim der Riesen, und ich zweifle keine Sekunde: Wenn es Riesen gibt, dann wohnen sie hier, und außerdem bin ich zurück in der Eiszeit, auch das steht fest. Zeit ist auch mal wieder für Goretex-Handschuhe und Sturmhaube, und ohne wollenes Unterzeug und Regenkombi kann man hier in Norwegen sowieso nie Motorrad fahren. Die Straße führt auf eine windige, von Flechten bedeckte Hochebene, vorbei an Gletschern, Moränen und spiegelglatten Seen. Mehr als 250 der Gipfel im Jotunheimen, oft abgeplattet wie Tische, erreichen eine Höhe von rund zweitausend Metern. Der Jostedalsbreen zu meiner Rechten, Norwegens größter Gletscher, ist fast halb so groß wie mein heimatlicher Landkreis Hersfeld-Rotenburg. Es regnet nicht; der Himmel

162

ist dicht bewölkt und die Gletscher, der graue Granit und stille schwarze Teiche aus noch nicht versickertem Gletscherwasser scheinen sich in den Wolken zu spiegeln. Doch das Sonnenlicht, das sie zu durchdringen sucht, macht die Wolken transparent und legt ein mystisches Urzeitleuchten über das Gebirge.

Mein großer Traum, in der Hardangervidda zu wandern, erfüllt sich leider nicht. Auf dem Campingplatz neben dem Fossli-Hotel sitze ich zur Abwechslung mal wieder im Dauerregen in meinem Zelt fest. Geschlagene drei Tage lang. An längere Touren ist überhaupt nicht zu denken, schon gar nicht allein. Und so bekomme ich leider nur ein paar flüchtige Eindrücke von Europas größter Hochebene. Das weite Land auf 1.300 Metern Höhe ist besprenkelt von spitzen Felsbrocken und flachen Gletscherseen, in geschützten Mulden ducken sich harte Gräser, zähes kleines Gesträuch und sogar Weidenröschen. Moorweiden breiten sich aus, mit gelegentlichen Tümpeln. Ein Eiszeitflüsschen versickert im Nichts eines winzigen gerölligen Deltas; durch ein flaches, ungemein schroffes Tal, das es sich gegraben hat, ist es gekommen aus den Tiefen der Unendlichkeit und warnt den Wanderer, seinem Lauf zu folgen, weil er sich in eben dieser Unendlichkeit verlieren könnte.

In meinem Heimatdorf in Osthessen, wo außer Kirmes nie was los ist, und das zu jener Zeit außerdem Zonenrandgebiet war, herrschte 1977 für drei Wochen der Ausnahmezustand, weil die Wikinger eingefallen waren. Genauer gesagt, mehrere Dutzend norwegischer Austauschschüler. Nur der Abschlussjahrgang kriegte welche ab, von uns Acht- und Neuntklässlern glühend beneidet. Eine Klassenkameradin verfasste mithilfe der Austauschschülerin ihrer älteren Schwester eine kleine

Anzeige, dass sie eine norwegische Brieffreundin suche, und bat darum, die Anzeige in einer norwegischen Jugendzeitschrift zu veröffentlichen. Der Erfolg war prompt; meine Klassenkameradin erhielt einen gefühlten Waschkorb voller Zuschriften. Weil das unverhoffte Glück allein nicht zu bewältigen war, verteilte sie die Briefe in der Schule, so dass im Sommer 1977 jedes Mädchen zwischen 13 und 16 eine norwegische Brieffreundin hatte und die Popularität von Englisch als Schulfach steil nach oben schoss. Ich bekam einen rosa Umschlag in die Hand gedrückt, der als Absenderin eine gewisse Ragnhild Tronrud hatte, drei Wochen jünger als ich; der Wohnort, Jevnaker, stellte sich als Kaff an einem Fjord 60 Kilometer nördlich von Oslo heraus. Also ein Landei wie ich. Wunderbarerweise überdauerte unsere Brieffreundschaft mehr als drei Jahrzehnte Leben und Krisen auf beiden Seiten, machte sich im Internet- und Digitalzeitalter neue Kommunikationsmöglichkeiten zunutze und wurde gewürzt von mehreren Besuchen Ragnhilds in Deutschland. Jetzt findet endlich der schon längst überfällige Gegenbesuch statt.

Ragnhild wohnt an der Südspitze des Randsfjord in einem dunkelbraun gestrichenen Holzhaus zusammen mit ihrer Mutter, Bruder Rune und dem sechsjährigen Töchterchen Siri Elise. Die Aussicht von der Terrasse, jetzt wieder bei strahlendem skandinavischen Sommersonnenschein, ist die, die sich vermutlich Millionen Menschen für ihr Zuhause erträumen: ein Blick auf den von Tannen und Hügeln gesäumten Fjord, zwischen Haus und Wasser nur ein großes Weizenfeld. In den nächsten Tagen schleppt Ragnhild mich in Jevnaker herum. Die Häuser ihrer zumeist betagten Verwandten sind regelrechte Volkskundemuseen; die prachtvollen traditionellen Holzmöbel – Truhen, Bettgestelle, Küchentische, Schränke –, die

164

alle schon ein Jahrhundert oder länger in der Familie sind, begeistern mich. Und Ragnhild bewirtet mich auch mit ein paar landestypischen Spezialitäten, die mich meine Haferbrei-und-Sardinen-Diät eine Weile vergessen lassen. Norwegischer Räucherlachs ist ganz besonders köstlich; hier wird er nicht in diesen hauchdünnen Scheiben verkauft, wie in Deutschland, sondern in einem fetten Stück, von dem man sich bei Bedarf abschneidet. *Fiskepudding* ist eine Art Terrine aus püriertem Weißfisch, süßer Sahne und Kartoffelmehl. Norwegens bekanntester Käse ist der Gammalost, was übersetzt alter Käse heißt, aber um den zu mögen, muss man wahrscheinlich wirklich Norweger sein. Da er ohne Kühlung aufbewahrt werden kann, diente er angeblich schon den Wikingern als Reiseproviant, was ich bei diesem hartgesottenen Seefahrervolk gern glauben will. Gammalost ist ein Sauermilchkäse und so hart und so gelbbraun wie ein riesiger Block Karamell. Man muss dünne, etwas bröckelige Scheiben von ihm abschaben, und die schmecken auch süßlich wie Karamell und zugleich penetrant-scharf.

Am vorletzten Nachmittag gibt es für meinen landeskundlichen Forschungsdrang ein besonderes Fest – Essen ist nun mal nach wie vor das unverwechselbarste Kulturgut der Völker. Ragnhilds Schwester Olaug kommt noch mit ihren drei Kindern, Engeln mit buttergoldenem Haar, und zwei Nachbarjungs. Wir kochen *rømmegrøt*, ein typisches ländliches norwegisches Gericht – es lässt sich nur für eine große Familie zubereiten, und Fett in der Form von Sahne spielt wie immer eine entscheidende Rolle. *Rømmegrøt* ist eine aus Mehl, saurer Sahne, Milch und Kefir gekochte Grütze, die, mit Zimt, Zucker und Rosinen bestreut und mit flüssiger Butter beträufelt, warm gegessen wird. Außerdem gibt es frische Himbeeren aus dem Garten. Dann gehören zur *rømmegrøt* unbedingt auch noch salzige Begleiter: Lachs, roher Schinken, eine fast schwarze Art Blutwurst und *flatbrot*, ein hauchdünnes dunkles Knäckebrot. *Rømmegrøt*, so erklärt mir Ragnhild, wurde früher traditionell für alle gekocht aus besonderen Anlässen: bei Hochzeiten und Beerdigungen, nach dem Hausbau, nach der Ernte. Ich nehme es als ein schönes Zeichen norwegischer Gastfreundschaft, dass mein Besuch offenbar ein würdiger besonderer Anlass ist.

MOTORCYCLE MAMA

Jeden Tag finde ich mich mehrmals von glühenden Verehrern umringt. Die Bewunderung gilt dabei allerdings meist weniger mir als vielmehr meiner alten Kawasaki Estrella. Besonders Männer ungefähr im Alter meines Vaters bekommen leuchtende Augen. „Die sieht fast genauso aus wie die Maschine, die ich in den 50er Jahren hatte", kriege ich oft zu hören. Ich bin durchaus stolz auf meinen Reisekameraden, der, davon bin ich überzeugt, eines der schönsten und seltensten Motorräder Deutschlands ist.

Und eines der unpraktischsten. Weil sich die üblichen Motorradkoffer nirgends anbringen lassen, vergeht mit dem Aufladen und ordentlichen Festzurren des Gepäcks immer eine halbe Ewigkeit; mit Frühstücken und Zelt abbauen muss ich morgens zwei Stunden einrechnen, und wenn es regnet, dauert es noch länger. Das schnellste ist mein Gefährte auch nicht; bei gerade mal 17 PS sind bei den bergigen Straßen und dem ständigen starken Gegenwind kaum mehr als 80 Stundenkilometer möglich. Da ich kein besonders guter Fahrer bin, passt

166

mir das aber; außerdem herrschen hier in Norwegen sowieso fast überall Geschwindigkeitsbegrenzungen.

Einen regenfreien Tag habe ich hier auch noch nicht erlebt – toll, dass in Norwegen der Herbst schon mitten im Juli stattfindet! –, und ich verfluche mich innerlich dafür, nicht in ein paar neue Motorradstiefel investiert zu haben; meine alten sind den Wassermengen hier in keiner Weise gewachsen. Da auch nasse Socken kaum je wieder trocken zu kriegen sind, falte ich mir schließlich aus einem zerschnittenen blauen Müllsack eine Art Fußlappen aus Plastik, die ich mit Einmachgummis an den Knöcheln befestige. Sieht blöd aus, ist aber ganz wirksam – und ich muss es ja niemandem zeigen. Bei dem Dauerschmuddelwetter sehen hier alle Autos aus, als hätte man sie mit Jauche übergossen. Ich habe keinen Blechkäfig um mich herum, der mich vor Schmutz und Nässe schützt. Die Schwälle von Dreckbrühe, die entgegenkommende LKWs quer über die Fahrbahn schwappen, kriege ich immer ungebremst ins Gesicht und auf meine Regenkombi; einen Scheibenwischer hat mein Helmvisier auch nicht. Das Schlimmste sind die vielen kilometerlangen Tunnel. Sie sind oft schlecht beleuchtet, eiskalt, überholende LKWs erzeugen hier einen gefährlichen Sog und der im Raum gefangene Lärm des Gegenverkehrs verdichtet sich zu einem unheimlichen Brüllen. Beständig muss ich gegen Aufwallungen von Klaustrophobie und Hysterie ankämpfen.

Etwa vierhundert Kilometer schaffe ich jeden Tag. Abends muss ich noch mein Zelt aufbauen, kochen, gelegentlich Wäsche waschen. Ich habe meist kaum noch die Kraft, in meinen Schlafsack zu kriechen, bin zu Tode erschöpft; meine Handgelenke schmerzen, alle Knochen tun mir weh.

Immerhin kann ich mir wieder einmal die Auszeichnung der Exklusivität auf den Schild schreiben. Motorradfahrer – Unentwegte wie ich (oder sind wir doch eher Unbelehrbare, oder vielleicht einfach nur Irre?) – sind in Norwegen jede Menge unterwegs. Mir ist jedoch keine einzige andere Frau begegnet, die dieses Abenteuer ganz allein auf sich nimmt. Schon gar nicht auf einem Oldtimer mit 17 PS.

NACHWORT

Meine Weltreise auf der Spur der *Nautilus*, von Kapitän Nemo, Professor Aronnax, Conseil und Ned Land, führte mich in 41 Länder sowie acht abhängige Gebiete (Hawaii, Französisch-Polynesien, Madeira, die Azoren, die Kanarischen Inseln, Französisch-Guayana, Martinique und Guadeloupe).

Die Reise dauerte insgesamt 792 Tage, das sind zwei Jahre und zwei Monate; die von Professor Aronnax an Bord der *Nautilus* dagegen nur knapp acht Monate.

Dabei war Brasilien das Land, in dem ich mich am längsten aufhielt, nämlich 42 Tage. Die Aufenthalte auf den Bahamas und Guadeloupe waren mit jeweils vier Tagen die kürzesten.

Ich legte in meinen Reiseländern die phantastische Reisestrecke von 95.042 Kilometern zurück – nur zu Lande und zu Wasser, Flugstrecken sind dabei noch gar nicht einmal eingerechnet! Das entspricht etwa zweieinviertel Äquatorumrundungen. Das weitaus wichtigste Verkehrsmittel zu Lande war dabei für mich der Bus; mit Überlandbussen unterschiedlichster Qualität und Bauweise legte ich mehr als die Hälfte meiner Gesamtreisekilometer zurück, nämlich 49.926. Hinzu kamen 9.699 Kilometer mit dem Zug, 6.864 mit dem Motorrad, 4.945 mit Jeeps oder wüstentauglichen LKW-Bussen, 3.615 mit dem Auto, 3.059 mit Sammeltaxis, Pick-ups oder Minibussen, 2.993 mit dem Fahrrad sowie zwölf Kilometer zu Pferde. Auch zu Wasser reiste ich, auch wenn es mir aus im Vorwort bereits dargelegten Gründen nicht möglich gewesen ist, diese gesamte Weltreise wie Professor Aronnax als Seereise durchzuführen oder auch nur zu konzipieren. Am Ende sind es aber doch noch 13.929 Kilometer (oder richtiger 7.522 Seemeilen) mit dem Schiff oder dem Boot geworden, und diese Reiseteile zu Wasser, auf dem Meer und dem Amazonas, boten ganz besonders viel Raum für reichlich Romantik und Anekdoten.

Brasilien war auch das Land, in dem ich die mit Abstand meisten Kilometer zurücklegte, nämlich 10.833 (oder 7.818 Kilometer und 1.628 Seemeilen).

Oft werde ich gefragt, wie es möglich ist, eine Weltreise zu finanzieren, die dann auch noch mehrere Jahre dauert. Das ist für jeden und jede möglich, die damit gesegnet ist, in einem Land wie Deutschland zu leben und zu arbeiten und von einer Weltreise träumt – ohne Sponsor, ohne reich sein zu müssen, ohne Millionengewinn bei Günther Jauch und natürlich vor allem ohne bei den Menschen in den Ländern, die man bereist, zu nassauern. Das Geheimnis ist, sich in fernen Ländern zu benehmen wie die sprichwörtlichen Römer: In Asien und Afrika etwa die günstigen öffentlichen Verkehrsmittel zu benutzen, in einheimischen Billighotels zu übernachten, in Garküchen zu essen und möglichst kompaktes Gepäck zu haben, um beweglich zu sein. In Ländern mit hohem Preisniveau helfen Hostels und Jugendherbergen sowie Sparangebote für Züge oder Überlandbusse, die Kosten im Rahmen zu halten; Europa lässt sich preisgünstig mit Fahrrad und Zelt bereisen. Eine gute und gründliche Reisevorbereitung ist also essentiell, denn Desinformation ist immer teuer und manchmal sogar gefährlich; auch vor physischem Einsatz sollte man sich nicht fürchten: Urlaub ist eine solche Weltreise nicht! Kein Reiseleiter sorgt dafür, dass man hinkommt, wohin man möchte, dass man tagsüber etwas zu essen und abends ein Bett hat.

Wenn man keine reiche Hotelerbin ist, sondern sich jeden Cent schwer verdienen muss, muss man für eine solche Reise natürlich sparen und man muss auch wissen, was man will und was persönlich wichtig ist. Ich wusste es bereits seit der 5. Schulklasse, als mir mein Vater zum ersten Mal einen Globus in die Hand drückte. Schon damals war mir klar, dass ich ganz viel von der Welt sehen und irgendwann auch eine richtige lange Weltreise unternehmen wollte, und schon mit 14 Jahren begann ich für meinen Traum zu sparen – mein Taschengeld und mein mit Nachhilfestunden erstes selbstverdientes Geld. Auch später im Arbeitsleben setzte ich Prioritäten. Das einzige Auto beispielsweise, das ich je im Leben besessen habe, war ein gebraucht gekaufter Kleinwagen, den ich noch 13 Jahre fuhr, bis er mir sozusagen unter dem Hintern zusammenbrach.

Damit wären wir wieder beim Thema der Wichtigkeit einer intensiven Reiseplanung – nicht nur um die vielen im Verlauf meiner Weltreise besuchten Länder richtig würdigen zu können, sondern auch um ein begrenztes Budget gezielt einzusetzen, um möglichst lange damit auszukommen.

Wieviel kostet nun so eine Weltreise im Einzelnen? In den 26 Monaten gab ich in meinen 49 Reiseländern insgesamt 20.156,12 Euro aus. Ein möglicher Ungenauigkeitsfaktor von ein paar Euro mehr oder weniger ergibt sich aus dem Umstand, dass ich insgesamt 36 verschiedene Währungen benutzte; der Übersichtlichkeit halber habe ich sämtliche Ausgaben in Euro umgerechnet. Der durchschnittliche Tagesverbrauch lag also bei 25,45 Euro, was natürlich wenig darüber aussagt, welche Kosten in den einzelnen Ländern tatsächlich anfielen, da diese sich jeweils völlig unterschiedlich zusammensetzten und meist vom Durchschnittswert erheblich abwichen. Das mit Abstand teuerste Reiseland war, was nur wenige verwundern dürfte, Französisch-Polynesien; dort lag der Tagesdurchschnitt bei 124,76 Euro, was dieses Ziel finanziell beinahe in die Nähe von bei einem Veranstalter gebuchten Studienreisen rückt. Diese hohen Kosten liegen aber einfach darin begründet, dass das Herzstück meines Aufenthalts in Französisch-Polynesien einer der absoluten (und teuersten) Glanzpunkte der gesamten Weltreise ausmachte, nämlich die zweiwöchige Seereise mit dem legendären Passagierfrachtschiff *Aranui*. Obwohl ich in der Schlafsaalklasse fuhr, fielen allein für diese Kreuzfahrt 2.502 Euro an – mehr als zwölf Prozent der Gesamtreisekosten! Dennoch ist die *Aranui* die preisgünstigste Möglichkeit, alle sechs Inseln der Marquesas kennenzulernen und dazu noch zwei Atolle der Tuamotus. Die Seereise auf der *Aranui* gehört zu den Höhepunkten meines an solchen gewiss nicht armen Globetrotterlebens, und ich bereue keinen Cent, den ich für dieses fabelhafte und einzigartige Abenteuer ausgegeben habe.

Am anderen Ende der Preisskala erwies sich Indien als das billigste Reiseland; dort fielen im Tagesdurchschnitt nur 5,31 Euro an.

Die reinen Transportkosten beliefen sich auf 4.223,84 Euro. Das ist angesichts der außerordentlich langen Reisestrecke nicht viel, vor allem, wenn man sich vergleichend einmal die Preise der Deutschen Bahn vor Augen führt oder sich überlegt, welche Benzinkosten umgerechnet für eine derartige Fahrstrecke anfallen würden.

Auch die Kosten für Übernachtung hielten sich in Grenzen und beliefen sich auf einen Durchschnittspreis von 8,35 Euro pro Nacht. Die Anzahl der von mir aufgesuchten Etablissements beläuft sich auf mehrere Hundert; ich schlief in Betten der unterschiedlichsten Qualität, in Hängematten, auf Isomatten, Bastmatten, Holzbänken, Bus- und Zugsitzen, was meiner Wirbelsäule nicht gerade guttat. Ich übernachtete in insgesamt 47 Hotels, 42 Guesthouses oder Pensionen, 31 Hostels, 26 Jugendherbergen, elf Privatzimmern beziehungsweise Homestays, zehn Lodges sowie im Zelt auf 58 verschiedenen Campingplätzen; außerdem in einem Ferienresort (auf Bandos Island auf den Malediven) und einem Kloster (in Koya-san in Japan). In Libyen campte ich vier Nächte in der Wüste. Vierzehn Nächte verbrachte ich an Bord der vorerwähnten *Aranui*.

Bei Übernachtfahrten mit dem Zug oder dem Bus ließ sich gut Geld sparen, ebenso auf den tagelangen Schiffsfahrten in Papua-Neuguinea, Indonesien, Chile und Brasilien oder in Spanien und Portugal auf dem Rücksitz meines Autos. 63 Nächte verbrachte ich so gratis on the road. 65 Nächte beherbergten mich in zahlreichen Ländern gratis Freunde und Bekannte sowie Mitglieder der Reisenetzwerke SERVAS und Couchsurfing.

Die teuerste Übernachtung der gesamten Reise hatte ich mit 42,31 Euro pro Nacht im Host Inn Guesthouse in der maledivischen Hauptstadt Malé. Die billigste Übernachtung im Hotel Asia in Rajshahi (Bangla Desh) dagegen kostete nur 0,97 Euro und hat damit gute Chancen auf meinen persönlichen Allzeit-Billigheimer-Rekord bei Unterkünften.

Der geringste Kostenfaktor war das Essen. Ich aß landestypische Kost in Garküchen, Straßenrestaurants und Marktlokalen oder kochte selbst. Insgesamt wendete ich für Essen 2.065,69 Euro auf, was einen Tagesdurchschnitt von nur 2,61 Euro ergibt. Am teuersten war die Verpflegung auf den Bahamas (5,60 Euro/Tag), am billigsten in Indonesien (0,87 Euro/Tag).

Wo ist der Rest des Geldes geblieben? Kosten, die auf langen Reisen immer wieder noch zu den drei Grundbedürfnissen Transport/Übernachten/Essen anfallen, betreffen Eintrittsgelder, Touren, Ausflüge, Fahrradleihgebühren, öffentlichen Nahverkehr und Privattransport (Taxi, Motorradtaxi, Rikscha) in den Städten, Gastgeschenke, Trinkgelder, Almosen und Spenden, Behördengebühren und Permits, Friseurbesuche, Kosmetika, Schreibwaren, Second-Hand-Bücher, Kommunikation (Ansichtskarten, Telefon, Internetcafés) sowie gelegentliche Lifestyle-Erlebnisse in Form einer Flasche Bier, einer Tafel Schokolade oder eines Kinobesuchs.

Viele Sehenswürdigkeiten gibt es nicht gratis oder es empfiehlt sich, sie als Ortsunkundiger mit einem erfahrenen einheimischen Guide zu besuchen; ebenso sind manche Gegenden, wie etwa die australischen Nationalparks, die libysche Wüste oder der Amazonas-Urwald wegen ihrer gewaltigen Ausmaße, ihrer Abgelegenheit und ihrer Unzugänglichkeit für nichtmotorisierte Alleinreisende überhaupt nicht erreichbar. An Eintrittsgeldern kamen vom Diamond Head auf Oahu bis zum Empire State Building insgesamt 302,10 Euro zusammen. Für geführte Touren unterschiedlicher Länge und Qualität musste ich insgesamt 1.664,74 Euro aufwenden. Auf den Malediven ist aufgrund des staatlich verordneten Apartheidstourismus kein Reisen möglich und ein Aufenthalt als Individualtourist nur in der Hauptstadt Malé. Um eine andere (Hotel)Insel überhaupt betreten zu dürfen, muss man im Voraus ein Pauschalangebot buchen. Die billigste Variante, ein Drei-Tage-Minipaket mit Halbpension, schlug immer noch mit 340 Euro zu Buche.

Um den Kostenvergleich repräsentativ und für Nachahmungswillige übersichtlich zu halten, habe ich für die finanzi-

174

elle Bilanz nur die in jedem Land tatsächlich angefallenen Kosten zugrunde gelegt. Eine solche Reise wie die meine auf der Spur der *Nautilus* ist jedoch eine ungeheure logistische Herausforderung und ohne Flugstrecken nicht zu bewältigen. Die vielen Inselstaaten im Südpazifik, im Atlantik und in der Karibik, die ich besuchte, sind ohne das Flugzeug gar nicht erreichbar und auch die Interkontinentalstrecken nicht zu überbrücken. Zu den eigentlichen Reisekosten kam daher noch einmal die stolze Summe von 12.205,40 Euro für zwei Round-the-World-Tickets, ein Transamerika-Ticket, diverse Kurzstreckenflüge sowie Inlandsflüge in Hawaii, Vanuatu und Papua-Neuguinea, was sich auf nicht weniger als 61 Flüge insgesamt summierte. Wie viele Zehntausend Flugkilometer dabei zusammenkamen, weiß ich nicht, da das Flugzeug für mich nur ein notwendiges Übel war und Fliegen nicht mein Anliegen, denn es bedeutet für mich nicht Reisen, sondern nur das Überspringen von Entfernungen und Räumen.

Des Weiteren fielen für das Reisen zwischen Ländern auch noch 1.393,63 Euro für internationale Fähr- und Busverbindungen an. Diese Kosten finden ebenfalls keinen Eingang in meine vergleichende Kostenaufstellung und auch nicht diese internationalen Strecken in die Gesamtkilometer.

Weitere zusätzliche hohe Kosten verursachten die Visagebühren. Insgesamt benötigte ich auf dieser Reise 14 kostenpflichtige Visa (für Papua-Neuguinea, Indonesien, Timor-Leste, Indien, Bangla Desh, den Iran, den Oman, den Jemen, den Sudan, Jordanien, Ägypten, Libyen, die Kapverden und Surinam), die mit insgesamt 925,06 Euro zu Buche schlugen. Dabei schossen die geradezu ins Groteske mündenden Einreiseformalitäten für Libyen den Vogel ab. Für Visum, Übersetzung des Reisepasses ins Arabische, Einladung von einem libyschen Reisebüro sowie Abholung durch dasselbe an der Grenze bezahlte ich aberwitzige 385,50 Euro. Bereut habe ich auch diese Ausgabe nicht. Ich erlebte, noch zu Regierungszeiten Muammar Al-Gaddafis, ein landschaftlich atemberaubend schönes und historisch hochinteressantes Land mit einer außergewöhnlich gastfreundlichen, stolzen Bevölkerung, das seitdem in meiner persönlichen Top-Ten-Liste aller Reiseländer einen Platz ganz weit oben eingenommen hat; außerdem dürfte ich auf lange Sicht einer der letzten individuell reisenden Fahrradtouristen in Libyen gewesen sein.

Dann darf nicht vergessen werden, dass Jules Verne in *20 000 Meilen unter den Meeren* nicht nur die wahrscheinlich faszinierendste und großartigste Weltreise der Weltliteratur beschreibt und mit Kapitän Nemo einen unsterblichen Charakter geschaffen hat, der durchaus das Zeug zum Superhelden hat, sondern dass das Buch auch eine einzigartige künstlerische Hommage an das Meer ist, jenen gewaltigen Kosmos, der kaum vorstellbare sieben Zehntel der Erdoberfläche bedeckt und in dem rund 240.000 verschiedene Spezies leben. Dementsprechend lässt Jules Verne den sonst so sachlichen, präzisen und fast immer gefühlskalt wirkenden Kapitän Nemo an geeigneter Stelle schwadronieren: *„Das Meer ist alles! ... Es ist die unermessliche Wüste, in der der Mensch niemals allein ist, denn um ihn herum fühlt er überall das Leben pulsieren. ... Das Meer birgt die großen Ressourcen der Natur. Durch das Meer hat das Leben sozusagen einmal seinen Anfang genommen, und wer weiß, ob es dadurch nicht enden wird! Hier herrscht absolute Ruhe. Das Meer gehört nicht den Despoten. Auf seiner Oberfläche mögen sie ihre Unrechtsherrschaft ausüben, Kriege führen, sich zerfleischen, alle irdischen Schrecken verbreiten. Aber dreißig Fuß unter seiner Oberfläche endet ihre Herrschaft, erschöpft sich ihr Einfluss, schwindet ihre Macht! ..."* (I/11/109f), sodass man sich fragt, wieso die Menschheit des 21. Jahrhunderts lieber in Lichtjahre entfernte Welten strebt und die Meere lieber zerstört anstatt sich ihre unermesslichen Möglichkeiten zunutze zu machen. Ich selbst lernte während fünf Jahren, die ich in Malaysia lebte und arbeitete, das Meer zu lieben und Kapitän Nemos Leidenschaft zu verstehen; ganz praktisch erlernte ich auch das Tauchen und legte im Dezember 1998 meine Prüfung als Tauchlehrerin ab. So konnte ich auf meiner Weltreise auch der Welt der Tiefe meine entsprechende Referenz erweisen – da ich nicht der Gast des Kapitän Nemo war, fügten Tauchgänge in sieben Ländern meinen Gesamtausgaben noch einen Posten von 559,51 Euro hinzu. Die Welt der *Nautilus* betrat ich so in Samoa, Vanuatu, auf den Salomonen, in Australien, auf den Malediven, im Oman und in Ägypten.

Mit großer Zuneigung denke ich stets an die Freunde und Bekannten, die mir unterwegs für einige Tage ein Heim gaben, und bei denen ich mich an dieser Stelle mit einer herzlichen Umarmung bedanken möchte: Shuko und Kazuo Otaki (Hiroshima/Japan); Carol Frodey (Suva/Fidschi); Aruna, Alagaraja, Subbulakshmi und Aditya Raja (Theni, Tamil Nadu/Indien); Daya Weerasinghe (Pelmadulla/Sri Lanka); Fahimeh Badi (Teheran/Iran); Memet Arık (Doğubeyazit/Türkei); Carmelina Castellano und S. Pino Lombardo (Torre di Gaffe/Italien); Maddalena und Franco Demelas (Selinunte/Italien); Flavia Cavallo, Nino Renti und Maria Valente (Palermo/Italien); Ghazala Al-Malik und Adnan Al-Jazwi (Sabha/Libyen); Françoise und Bertrand Perelade (Mollégès/Frankreich); Petra Beck und José Calvo Martinez (Verín/Spanien); Jean LeMauff (Cayenne/Französisch-Guayana); Georges Desmons (Les Trois-Ilets/Martinique); Jean und Aurelius Henke (St. Louis, Missouri/USA); Sally und

Toby Ives (Asheville, North Carolina/USA); Anya und Chris Ice (Lancaster, Pennsylvania/USA); Barbara Ophoff und Ingo Kolf (New York); Terri-Josephine Everest (Salmon Arm, British Columbia/Kanada); Laura Jackson (St. John's, Newfoundland/Kanada); Ragnhild Tronrud (Jevnaker/Norwegen).

Ein besonders großes Dankeschön geht an Beate Gliem, Anneliese Kröger, Dr. Erhard Kühnle, Dr. Helge Schweckendiek, Dipl.-Ing. Harald Weber, Ragna Weyh und Dr. Ingeborg Wolf für Korrektorat und konstruktive Kritik.

178

Reise-Highlights – meine persönlichen Top Ten

I. Naturwunder

1. Vulkan Mount Yasur (Tanna/Vanuatu)
2. Nationalpark Kakadu (Northern Territory/Australien)
3. Farbige Seen vom Keli Mutu (Flores/Indonesien)
4. Insel Santorin (Griechenland)
5. Waw an-Namus und Mandara-Seen (Zentralsahara/Libyen)
6. Perito-Moreno-Gletscher (Argentinien)
7. Nationalpark Torres del Paine (Chile)
8. Wasserfälle von Iguaçu (Brasilien)
9. Nationalpark Connemara (Irland)
10. Norwegen

II. Architektonische Wunder

1. Buddhistische Tempelanlage Borobodur (Java/Indonesien)
2. Brücken und Moscheen der Safawiden-Zeit in Isfahan (Iran)
3. Altstädte von Sanaa und Shibam (Jemen)
4. Nubische Pyramiden von Meroe (Sudan)
5. Nabatäische Ruinenstadt Petra (Jordanien)
6. Armenisch-georgische Ruinenstadt Ani (Türkei)
7. Byzantinische Ruinenstadt Butrint (Albanien)
8. Griechische Ruinenstädte Agrigent und Selinunt (Sizilien)
9. Römische Ruinenstadt Leptis Magna (Libyen)
10. Mittelalterliche Klöster und Rundtürme in Irland

III. Kulturelle Highlights

1. Klosterstadt Koya-san (Japan)
2. Tapa-Herstellung (Tonga)
3. Traditionelle Tanzveranstaltung zu den Kommunalwahlen in Goroka (Eastern Highlands Province/Papua-Neuguinea)
4. Hinduistische Wallfahrtstätte Srirangam in Tiruchirappalli (Tamil Nadu/Indien)
5. Perahera (Sri Lanka)
6. Schwerttänzer in der Oase Nizwa (Oman)
7. Traditionelles Handwerk auf Madeira
8. Straßentango auf der Plaza Dorrego in Buenos Aires (Argentinien)
9. Mate-Zeremonie (Uruguay)
10. 1. Mai in Paramaribo (Surinam)

IV. Kulinarische Highlights

1. Bento-Schachteln (Japan)
2. *lap-lap* (Vanuatu)
3. *masala dosai* (Indien)
4. Iftar in Bangla Desh
5. Iranisches Brot
6. *ful* (Sudan)
7. Sizilien
8. Açerola, Cupuaçú, Açaí & Co. (Brasilien)
9. Markthalle von Cayenne (Französisch-Guayana)
10. *sorbet* (Guadeloupe)

V. Plätze, um die Seele baumeln zu lassen

1. Wanderung zum Wainiha Pali (Kaua'i/Hawaii)
2. Strände von Savai'i (Samoa)
3. Traditionelles Dorf Navala in den Nausori Highlands (Fidschi)
4. Riffs und Tauchplätze in der Korallensee
5. Strand von Osolata, Baucau (Timor-Leste)
6. Malediven
7. Sonnenaufgang am Dschebel Musa, Sinai (Ägypten)
8. Azoren
9. Wanderung im Barranco Los Vicentes (Gran Canaria/Kanarische Inseln)
10. Wanderung zur Montagne Pelée (Martinique)

VI. Schönste Strecken

1. von Auki nach Haleta durch die künstlichen Inseln von Malaita (Salomonen)
2. von Lae nach Goroka (Eastern Highlands Province/Papua-Neuguinea)
3. von Makassar nach Rantepao (Sulawesi/Indonesien)
4. von Alleppey nach Kottayam durch die Kerala Backwaters (Kerala/Indien)
5. durch Kythira (Griechenland)
6. entlang der „Straße der Ksour" bei Tataouine (Tunesien)
7. von Soajo nach Lindoso im Nationalpark Peneda-Gerês (Portugal)

8. auf dem Jakobsweg von Santiago de Compostela nach Roncesvalles (Spanien)

9. von Praia nach Tarrafal (Santiago/Kapverden)

10. durch die historische Bergbaulandschaft von Bodmin Moor in Cornwall (England)

VII. Die ultimativen Erlebnisse des Unterwegsseins

1. mit dem Shinkansen durch Japan

2. auf der *Aranui* zu den Tuamotu- und den Marquesas-Inseln (Französisch-Polynesien)

3. auf See von Port Moresby nach Lae (Papua-Neuguinea)

4. auf der *Harapan Bersama* von Flores nach Sulawesi (Indonesien)

5. mit Fahrrad und Zelt durch die Provence (Frankreich)

6. mit dem Langstreckenbus durch Patagonien (Argentinien)

7. auf dem Fluss-Schiff, Hängemattenklasse, den Amazonas hinauf (Brasilien)

8. mit dem Postboot durch die Bahamas

9. mit Greyhound durch die USA und Kanada

10. mit Motorrad und Zelt auf die Lofoten (Norwegen)

Personenregister

Das Personenregister umfasst alle drei Bände; die Zahlen beziehen sich auf die jeweiligen Kapitel.

Der Geschmack einer Reise

Sopa de trigo (S. 24)

250 g Weizenkörner, **250 g Saubohnen** und **250 g Pökel-fleisch** 24 Std. einweichen; nach 12 Std. Einweichwasser wechseln. Wasser abgießen, Zutaten abspülen und in **3 l Wasser** mit **1 kl. gehackten Zwiebel**, **1 Zweig Bohnenkraut** und **1 Pimentkorn** mindestens 1 Std. weichkochen. **500 g Kartoffeln** und **500 g Speisekürbis** in ca. 2 cm großen Würfeln zufügen, ebenso Würfel von **Möhre**, **Süßkartoffel**, **Rübe** und **Chayote** (ersatzweise Zucchini) sowie in Streifen geschnittenen **Wirsing**; die Gemüsemengen können nach Geschmack variieren. Nochmals ca. 10 Min. kochen, bis die Gemüse weich sind. Das Pökelfleisch herausnehmen, in Würfel schneiden und zurück in den Topf geben. Mit **Salz** abschmecken.

Bolo de mel (S. 25)

500 g Mehl, **400 g Zucker**, **1 TL Backpulver**, **2 TL Zimt** und ½ **TL geriebene Muskatnuss** mischen. **75 g grob gehackte gemischte Trockenfrüchte** sowie **75 g gehackte Walnüsse** zufügen. **2 Eier**, **200 ml Honig**, **1 Sherryglas Madeira** und **1 Tasse Milch** unterrühren. **250 g Butter** und **50 g Schmalz** mit dem Elektromixer schaumig rühren, die Honig-Mehl-Mischung dazugeben und alles sehr gut verrühren. In eine gefettete und mit Backpapier ausgelegte Springform von 24 cm Durchmesser füllen und im vorgeheizten Ofen bei 200° 30

Min. backen. Mit Backpapier abdecken, Backhitze auf 180°
reduzieren und nochmals 30-45 Min. backen.

Ingwer-Drink (S. 34)

Ein etwa daumenlanges Stück **Ingwerwurzel** schälen, grob
hacken und dann im Mörser zerstampfen oder, mit etwas
Wasser verrührt, im Mixer pürieren. Mit **1 l Wasser**, **5 EL
Zucker** und **4 EL Limettensaft** gut verrühren. 1 Std. stehen-
lassen, bis der Ingwer sich gesetzt hat; dann die Flüssigkeit,
ohne sie aufzurühren, vorsichtig abschöpfen und durch ein
Haarsieb gießen. Gut gekühlt mit Eiswürfeln servieren.

Empanadas (S. 48)

500 g Mehl in einer weiten Backschüssel mit **½ TL Backpulver**
und **1 Prise Salz** mischen. **2 Eier** und etwas **lauwarme Milch**
hineingeben und mit etwas Mehl zu Brei vermengen. **200 g
Margarine** in Stückchen schneiden und auf den Mehlbrei
legen. Alles zu einem glatten Teig verkneten, Teig zu einer
Kugel formen und 2 Std. im Kühlschrank ruhen lassen.
250 g gemischtes Hackfleisch mit **1 gehackten Zwiebel**, **1
feingehackten Knoblauchzehe** und **1 feingehackten Paprikaschote** kurz in **Olivenöl** anbraten. Etwas abkühlen lassen. **2
hartgekochte gehackte Eier**, **8 gefüllte grüne Oliven**, in Scheiben geschnitten, und **50 g Rosinen dazugeben**. Die Masse
gut vermengen und mit **Salz**, **Pfeffer**, **Paprika** und **Majoran**
abschmecken.
Teig dünn ausrollen, Kreise von ca. 10 cm Durchmesser aus-
stechen, mit Füllung belegen, zusammenklappen und die
Ränder zusammendrücken. Empanadas mit **1 verquirlten Ei**

bestreichen und im vorgeheizten Ofen bei 200-220° 15-20 Min. goldbraun backen.

Guacamole (S. 48)

1 gr. oder 2 kl. sehr reife weiche Avocados der Länge nach halbieren, den Stein herauslösen, das Fruchtfleisch mit einem Löffel herauskratzen und durch ein Teesieb passieren oder im Mixer pürieren. Mit **1 kl. gehackten Knoblauchzehe, 1 in Stückchen geschnittenen gr. frischen Tomate, Zitronensaft, Salz, Pfeffer, frischem gehackten Koriander** (jeweils nach Geschmack) und etwas **Olivenöl** gut verrühren.

Dulce de membrillo (S. 53)

1 kg abgebürstete Quitten ganz (mit Schale und Gehäuse) in einem großen Topf mit Wasser bedeckt 40 Min. köcheln lassen. Abkühlen lassen, schälen, Gehäuse entfernen und in kleine Stücke schneiden. Wiegen und 80-100% der Quittenmenge in **Zucker** zufügen, je nach Geschmack, sowie etwas **Zitronensaft**; nochmals 10 Min. kochen. Im Mixer pürieren. Das Fruchtmus dann nochmals unter ständigem Rühren 1 Std. kochen; er ist fertig, wenn ein Holzlöffel darin stehen bleibt. In flache verschließbare Behälter aus Plastik oder Aluminium füllen.
Dulce de membrillo ist nach dem Abkühlen schnittfest und monatelang haltbar.

190

Acarajé (S. 70)

500 g Schwarzaugenbohnen über Nacht kalt einweichen. In frischem Wasser mindestens 1 Std. weichkochen, abgießen, abspülen und abtropfen lassen. **2 mittelgr. Zwiebeln** grob zerteilen. Zwiebeln und Bohnen im Mixer fein pürieren und mit **Salz** und **Pfeffer** würzen. **½ l Palmöl** in einer großen hohen Pfanne erhitzen. Bohnenmasse esslöffelweise hineingeben und 6-8 Min. goldbraun ausbacken. Auf Küchenpapier abtropfen lassen.
Zum Servieren aufschneiden und füllen

Molho de pimenta (S. 70)

2 rote und 1 grüne Chilischote unter fließendem kalten Wasser längs halbieren und entkernen, dann fein hacken. **1 mittelgr. Zwiebel**, **2 Knoblauchzehen**, **1 Bund Petersilie** und **1 Bund Koriander** fein hacken. Mit **4 EL Olivenöl**, **3 EL Limettensaft**, **2 EL Palmöl**, **1 EL getrockneten Krabben** und etwas **Salz** verrühren.
Der Molho de pimenta wird zum Füllen von Acarajé verwendet.

Vatapá (S. 70)

1 Kastenweißbrot entrinden, zerpflücken und in **300 ml Kokosmilch** (Dose) einweichen. **1 mittelgr. Zwiebel**, **1 kl. Bund Petersilie**, **1 kl. Bund Koriander**, **100 g Cashewnüsse**, ein 1 cm langes Stück **Ingwerwurzel** und **100 g getrocknete Krabben** im Mixer fein pürieren und zum Brot geben. Alles gut verkneten. In einem großen Topf **4 EL Öl** erhitzen, die Brotmasse hineingeben und nach und nach **300 ml Palmöl** hinzufügen. Bei mittlerer Hitze garen, bis sich die Masse vom Topfboden löst.

Die Vatapá wird zum Füllen von Acarajé verwendet oder als Beilage v.a. zu Fischgerichten gereicht. Für letzteres kann die Brotmasse alternativ auch zu Bällchen geformt und als Kroketten in Öl ausgebacken werden.

Conch Salad (S. 113)

500 g Wellhornschnecken in reichlich Salzwasser mit dem Saft von **1 Zitrone** ca. 20 Min. kochen. Abgießen; das Fleisch mit einer Schneckengabel oder einer Nadel aus dem Schneckenhaus lösen, abkühlen lassen und würfeln. Schneckenfleisch mit **5 EL Zitronensaft**, **2 EL frischem Orangensaft**, **1 gewürfelten Tomate**, **¼ Tasse gehackte Zwiebeln**, **½ geschälten und gewürfelten Salatgurke**, **½ Tasse gehackter Paprikaschote** und **2 feingehackten roten Chilischoten** (ohne Samen) mischen. Mit **Salz** und **Pfeffer** abschmecken und im Kühlschrank 15 Min. durchziehen lassen.

Pumpkin Pie (S. 119)

Teigkruste: **2½ Tassen Mehl** und **1 TL Salz** in eine Backschüssel geben und vermischen. **2/3 Tassen Margarine** in kleine Stücke schneiden und schnell mit der Mehlmischung verkneten. Vorsichtig nach und nach genug **Wasser** unterkneten, bis der Teig fest ist, aber nicht krümelt. Auf einer leicht bemehlten Arbeitsfläche ausrollen. Eine gefettete runde Pasteten-, Obstkuchen- oder Springform damit auslegen.

An den Seiten hochziehen und einen abschließenden Rand formen.

Füllung: **450 g gekochten Gemüsekürbis** pürieren. Mit dem Schneebesen **¾ Tassen Zucker**, **1 TL Zimt**, **½ TL Salz**, **½ TL gemahlenen Ingwer**, **½ TL geriebene Muskatnuss**, **3 Eier** und **2/3 Tassen Kondensmilch** (7,5%) unter den Kürbis ziehen.

Kürbisfüllung in die Teigkruste gießen, die Ränder mit Alufolie abdecken. Den Pie im vorgeheizten Backofen bei 200° 25 Min. backen. Folie entfernen und weitere ca. 25 Min. backen, bis bei der Stäbchenprobe keine Füllung mehr am Stäbchen haften bleibt.

Pumpkin Pie auf einem Kuchengitter auskühlen lassen und mit **ungesüßter Schlagsahne** servieren.

Lemon Meringue Pie (S. 119)

Die Teigkruste wird ebenso zubereitet wie für den Pumpkin Pie, jedoch vorgebacken, bei 200° 10-12 Min.

Für die Füllung in einem Topf **1½ Tassen Zucker**, **3 EL Speisestärke**, **3 EL Mehl** und **1 Prise Salz** mischen. Mit dem Schneebesen vorsichtig **1½ Tassen kaltes Wasser** einrühren; es darf keine Klümpchen geben. Bei mittlerer Hitze auf dem Herd vorsichtig zum Kochen bringen und 2 Min. kochen lassen; dabei mit dem Schneebesen ständig kräftig rühren. Vom Herd nehmen. **3 Eier** trennen. Die Eigelbe in eine Schüssel geben und mit dem Schneebesen verquirlen. Langsam 1 Tasse des warmen Mehlbreies zu den Eigelben geben und dabei ununterbrochen rühren, damit das Eigelb nicht gerinnt. Die verrührten Eigelbe zum Mehlbrei im Topf geben. Den Topf wieder auf den Herd stellen und noch weitere 2 Min. unter Rühren kochen. Vom Herd nehmen. Unter ständigem Rühren **2 EL Margarine** und **½ TL abgeriebene Zitro-**

<u>nenschale</u> in die heiße Masse geben. Zum Schluss **1/3 Tasse frischen Zitronensaft** zufügen.

Vor Zubereitung des Baiser Ofen auf 180° vorheizen. Eiweiße mit dem Elektromixer auf höchster Stufe leicht schaumig schlagen. **1 Prise Salz** und **1 TL Vanillezucker** zufügen; weiterschlagen und nach und nach esslöffelweise **75 g Zucker** zufügen, bis das Eiweiß sehr steif ist und kleine Zapfen an den Rührstäben bildet.

Zitronencreme auf der vorgebackenen Teigkruste verteilen und mit dem Spatel glattstreichen. Baiser auf der Creme verteilen und ebenfalls vorsichtig glattstreichen. Sofort in den vorgeheizten Ofen schieben und 12-15 Min. backen, bis der Baiser leicht bräunt.

Chocolate Chip Cookies (S. 119)

Backofen auf 200° vorheizen. In einer Backschüssel **1 Tasse weiche Margarine** mit **¾ Tassen Zucker** sowie **¾ Tassen braunem Zucker** mit dem Elektromixer schaumig rühren. **2 Eier** und einige Tropfen **Vanillearoma** hinzufügen und zu einer cremigen Masse rühren. **2¼ Tassen Mehl** mit **1 TL Backpulver** und **½ TL Salz** mischen und gut in die Eiermasse einarbeiten. **2 Tassen Zartbitter-Schokoladentropfen** unterheben. Die Masse teelöffelweise (gehäuft) auf ein ungefettetes oder mit Backpapier ausgelegtes Backblech setzen. 8-10 Min. backen, bis die Kekse leicht bräunen. Etwas abkühlen lassen, dann vom Backblech nehmen und auf einem Kuchengitter gänzlich auskühlen lassen.

<u>Cornish Pasties (S. 154)</u>

2 Tassen Mehl in einer Backschüssel mit **1 Prise Salz** vermischen. **90 g Schmalz** mit den Fingern einarbeiten und **kaltes Wasser** zufügen, bis ein steifer Teig entsteht. Den Backofen auf 220° vorheizen.

2 gr. Kartoffeln und **1 mittelgr. Speiserübe** würfeln; **1 gr. Zwiebel** fein hacken. Das Gemüse mischen und mit **Salz** und **Pfeffer** würzen. **250 g Rinderschmorfleisch** in kleine Würfel schneiden.

Teig in zwei großen Kreisen ausrollen. Eine Hälfte der Teigkreise jeweils mit der Hälfte der Gemüsemischung und der Hälfte des Fleisches belegen. Die Ränder der Teigkreise mit Wasser befeuchten, zusammenklappen und die Ränder festdrücken. Auf ein Backblech legen und 20 Minuten backen; die Backhitze auf 180° reduzieren und 1 weitere Std. backen.

<u>Scones (S. 154)</u>

In einer weiten Backschüssel **2¾ Tassen Mehl**, **1/3 Tasse Zucker**, **¾ TL Salz** und **1 EL Backpulver** mischen. **½ Tasse kalte, in Stücke geschnittene Margarine** von Hand einarbeiten, bis die Mehlmischung gleichmäßig krümelig ist. **1 Tasse Rosinen** gemischt mit **Orangeat und/oder Zitronat** untermischen. In einer kleineren Schüssel **2 Eier**, **Vanillearoma** und **2/3 Tassen Milch** verquirlen. Die Flüssigkeit zu den anderen Zutaten geben und alles gut vermischen, sodass ein homogener Teig entsteht. 12 gleichmäßig große und etwas flachgedrückte Brötchen formen und auf ein mit Backpapier ausgelegtes Backblech setzen; das Backpapier zusätzlich mit etwas Mehl bestäuben. Die Scones mit etwas Milch bestreichen und mit

Zimtzucker bestäuben. Das Backblech 30 Min. unbedeckt ins Gefrierfach stellen. Backofen auf 220° vorheizen. Scones 20-25 Min. backen, bis sie goldbraun sind.

Fiskepudding (S. 165)

1 kg weißes Fischfilet mit **125 g süßer Sahne** und **1 Ei** im Mixer pürieren. **50 ml Margarine** schmelzen, mit **3 EL Kartoffelmehl** und **1-2 EL gehacktem frischen Dill** unter die Fischmasse rühren. Mit **Salz**, **Pfeffer** und einigen Tropfen **Worcestersauce** abschmecken. Eine Puddingform oder kleine Backform einfetten und mit Paniermehl ausstreuen. Fischmasse einfüllen, auf eine mit Wasser gefüllte Fettpfanne setzen und 1-1,5 Std. im Wasserbad bei 175-200° im Backofen garen. Nach dem Herausnehmen 5 Minuten ruhen lassen und dann stürzen.

Rømmegrøt (S. 165)

50 g Butter in einem Stieltopf schmelzen. Mit dem Schneebesen **75 g Mehl** einrühren. Von der Platte nehmen und **½ l Schmand** einrühren. Die Masse unter ständigem Rühren mit dem Schneebesen vom Topfboden loskochen und aufpassen, dass sie nicht klumpt. Die austretende Butter nach und nach entfernen und aufheben. Weitere **100 g Mehl**, **1¼ l Milch**, **¼ l Kefir** und **¾ TL Salz** zu der Schmandmasse geben und unter ständigem Rühren ca. 15 Min. kochen.
Mit **Zucker**, **Zimt**, **Rosinen** und der flüssigen Butter warm servieren.

Tatjana Kröger

Das Jahr des Tigers
Über Land von Lissabon nach Singapur und zurück
Ein Frauen-Solo-Reiseabenteuer

298 Seiten, Softcover
ISBN 978-3-86279-653-3
14,90 €

Auf dem Landweg zweimal quer durch ganz Europa und Asien? Und ganz allein als Frau? Zugegeben, eine wahnwitzige Idee – und es geht doch! In acht Monaten reist Tatjana Kröger fast 54.000 Kilometer auf Straße und Schiene von Portugal nach Singapur und zurück, durch 32 Länder, darunter Sibirien, die Mongolei, Thailand, Malaysia, Tibet, Pakistan und Iran.

Wagner Verlag

Tatjana Kröger

Die eiserne Straße
Mit dem Zug vom Nordkap zum Kap der Guten Hoffnung

307 Seiten, Softcover
ISBN 978-3-95632-384-3
17,95 €

Mit dem Zug fährt Tatjana Kröger vom Nordkap zum Kap der Guten Hoffnung, als Hommage an das erste Massenverkehrsmittel der Menschheitsgeschichte, in sechs Monaten über 26.500 Kilometer und durch 21 Länder. Im afrikanischen Teil der Reise übertrifft die Vielfalt des gewaltigen Kontinents die Romantik des Eisenbahnfahrens. Auf der Route zu ihrem Ziel Südafrika liegen untern anderem der Sudan, der Südsudan, Äthiopien, Tansania, Malawi, Zimbabwe und Botswana.

Wiesenburg Verlag

FSC
www.fsc.org
MIX
Papier aus ver-
antwortungsvollen
Quellen
Paper from
responsible sources
FSC® C105338